普通高等教育新工科汽车类系列教材（智能汽车·新能源汽车方向）

汽车智能驾驶模拟仿真技术

邓伟文　任秉韬　等编著

机械工业出版社

为适应新时期高等教育汽车智能驾驶人才培养工作的要求，本书系统性地介绍了汽车智能驾驶模拟仿真理论与方法，内容包括模拟仿真技术基础、车辆动力学建模、数字虚拟场景构建、车载环境传感器建模、多物理体在环实时仿真技术和汽车智能驾驶仿真实验等基本原理，还提供了丰富、翔实的典型汽车智能驾驶仿真应用和对应的仿真系统（PanoSim）操作指南。本书对高等院校汽车专业学生的课程设计、毕业设计、课外科创和课题研究等都有重要的参考价值。

图书在版编目（CIP）数据

汽车智能驾驶模拟仿真技术／邓伟文等编著. —北京：机械工业出版社，2021.3（2025.3 重印）

普通高等教育新工科汽车类系列教材. 智能汽车·新能源汽车方向

ISBN 978 - 7 - 111 - 67289 - 0

Ⅰ.①汽… Ⅱ.①邓… Ⅲ.①汽车驾驶-自动驾驶系统-计算机仿真-高等学校-教材 Ⅳ.①U463. 61 - 39

中国版本图书馆 CIP 数据核字（2021）第 020548 号

机械工业出版社（北京市百万庄大街 22 号 邮政编码 100037）
策划编辑：赵海青 责任编辑：赵海青 谢 元
责任校对：张 征 责任印制：单爱军
北京虎彩文化传播有限公司印刷

2025 年 3 月第 1 版第 4 次印刷
184mm×260mm · 12.5 印张 · 277 千字
标准书号：ISBN 978 - 7 - 111 - 67289 - 0
定价：59.90 元

电话服务 网络服务
客服电话：010 - 88361066 机 工 官 网：www.cmpbook.com
　　　　　010 - 88379833 机 工 官 博：weibo.com/cmp1952
　　　　　010 - 68326294 金 书 网：www.golden-book.com
封底无防伪标均为盗版 机工教育服务网：www.cmpedu.com

前　言

　　汽车智能驾驶是汽车电子信息化与智能化等现代科学技术的集大成者，是解决交通安全和拥堵等长期挑战的关键技术，代表着现代汽车技术与产业发展的大趋势。随着汽车智能化程度的不断提高，智能汽车应对的行驶环境越来越复杂，模拟仿真技术已经成为开发和测试汽车智能驾驶技术与产品的重要手段。以物理建模、环境模拟与数值求解等为核心的计算机模拟仿真技术被广泛地视为汽车智能驾驶高效、安全与可靠测试验证的重要技术保障和必然发展趋势。

　　本书遵循强基础、重实践、突出理论与实践相结合、以素质与能力培养为目标的基本原则，详细地阐述了有关汽车智能驾驶模拟仿真的基础理论、基本方法和相关的工程应用技术。

　　本书共分为 9 章，其内容概况如下：第 1 章介绍了模拟仿真技术的发展背景、现状与前景等；第 2 章阐述了包括物理建模技术、计算机图形学、数值仿真技术等在内的模拟仿真基础理论；第 3 章主要介绍了车辆动力学及其建模方法；第 4 章阐述了数字虚拟场景构建技术，包括道路场地构建、交通环境建模、天气与光照模拟等原理与方法；第 5 章阐述了包括像机、毫米波雷达、激光雷达、超声波雷达、定位惯导等在内的汽车常用车载传感器建模的基本原理与方法；第 6 章阐述了包括模型、软硬件、车辆等多物理体在环和人在回路的实时仿真技术，驾驶模拟器的工作原理和技术实现方案；第 7 章介绍了汽车智能驾驶，包括环境感知、决策规划、运动控制等在内的仿真实验构建原理与方法；第 8 章围绕典型智能驾驶仿真应用，介绍了包括自动紧急制动系统（AEB）、自适应巡航控制系统（ACC）、车道居中控制系统（LCC）、自动泊车系统（AP）等仿真实例搭建和试验方法；第 9 章介绍了一款典型的汽车智能驾驶仿真系统 PanoSim，包括它的功能、架构、模型和应用等；附录部分介绍了 PanoSim 的操作使用和相关仿真实验指南。

　　本书是作者基于多年的汽车智能驾驶模拟仿真技术研究完成的。本书由北京航空航天大学邓伟文教授、任秉韬博士主笔编著，参加编著的还有张素民教授、丁娟教授、朱冰教授、王健教授、王莹博士、李鑫博士，以

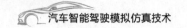

及博士/硕士研究生刘镇疑、李江坤、纵瑞雪、白雪松、黄楷博、赵蕊、皇甫宇、王淅淅。

本书可作为汽车智能驾驶、汽车电子控制与自动化等车辆工程或相关专业方向本科生和研究生的专业理论课教学或课外科创参考书，也可作为上述相关领域工程技术人员和科研人员的参考资料。本书除介绍了系统性的理论与方法外，还提供了丰富、翔实的汽车智能驾驶仿真实例和对应的仿真软件操作指南，对高校学生的课程设计、毕业设计、课外科创和课题研究等都有重要的参考价值。本书附有 PanoSim 操作指南，使用本书做教材的师生可登录 http://www. panosim. com 下载试用软件。

编 者

目　录

第4章 数字虚拟场景构建

第5章 车载环境传感器建模

第6章　多物理体在环实时仿真技术

第 9 章　汽车智能驾驶仿真系统（PanoSim）介绍

1.1 引言

汽车智能驾驶是汽车电子信息化与智能化等现代科学技术的集大成者，是解决交通系统长期面临诸多挑战的关键技术，代表着现代汽车技术与产业发展的大趋势。智能汽车是集环境感知、决策与规划、控制与执行、通信与网络等系统于一体的现代载运工具和移动信息处理平台，将颠覆性地创新并改变传统汽车及汽车产业布局，对于传统汽车工业转型升级并形成全新产业生态体系、应对新一轮科技创新和产业变革带来的挑战都具有十分重要的战略意义。智能汽车也是人工智能技术的最大应用场景和万物互联的最重要载体。

因为人在驾驶上的主导性决定了行驶环境对汽车的影响，传统汽车往往局限于路面通过轮胎对汽车形成的滚动阻力、空气或阵风对汽车施加的阻力或干扰等。随着汽车智能化程度的不断提升，人在驾驶上的主导性逐渐减少甚至消失，取而代之的是智能驾驶系统，它涵盖了道路标识、周边交通车辆或行人识别与目标跟踪、安全决策与轨迹规划等。这些原本属于人的驾驶功能被逐步替代，因此精准、快速且可靠的环境感知、基于环境感知的决策与规划等使得行驶环境与智能汽车密切相关，并成为汽车智能驾驶的重要组成部分。

汽车行驶环境不仅包括道路（道路路面、几何形状和路网结构等），还包括天气和光照条件，特别是包括各类交通参与物及其形态、密度、行为等在内的交通状况，构成影响汽车行驶安全最为关键的因素。智能汽车技术与产品的测试验证是保证其安全可靠并实现大规模产业化面临的重要挑战。以美国移动交通中心在密歇根大学建造的首个针对 V2X 和智能驾驶的试验场 M‑City 为代表，世界各国为汽车智能驾驶的测试验证建造了一大批类似的封闭测试场地。典型的测试场景包括高速公路、乡村/城市路况、隧道、林荫道、匝道、十字路口、丁字路口、立交桥、环岛和地下停车场等各种模拟交通场景，对加快智能汽车的产业化步伐起到了积极的推动作用。

然而，由于汽车行驶环境具有的典型随机特征和自然属性往往不可预测、难以复制、不可穷举等，呈现高度的动态性、开放性、复杂性和很强的不确定性，由此导致基于开放道路或封闭场地的传统测试方法周期长、成本高，还存在实验安全难以保证甚至无法得到保障等诸多困难与挑战。美国兰德公司 2016 年发布的报告 *Driving to Safety*[1] 指出，智能驾驶汽车需要行驶数十亿甚至数百亿千米才可能展示其可靠性和安全性，这就需要数十年甚至数百年才能做到。因此，只靠道路或场地测试显然无法满足智能汽车的测试验证需求，

亟须创新面向汽车智能驾驶的测试验证方法。

基于数学模型的开发平台和基于数值模拟的开发方法已成为当今世界汽车技术研发的先进理念，并被广泛采纳。在传统汽车技术、功能和产品的研发上，世界主要汽车制造企业，例如大众、沃尔沃、通用等公司的数字虚拟研发成本占比高达 70%。汽车产品的竞争最终是技术的竞争，也是研发理念、方法和工具的竞争。"工欲善其事，必先利其器"，这一理念已成为当今汽车技术研发的主旋律。

随着计算机软硬件技术的不断发展，以及物理建模、环境模拟与数值求解等技术的不断成熟，模拟仿真技术被广泛地视为有效解决传统的基于开放道路或封闭试验场测试存在问题的重要手段，也是汽车智能驾驶技术与产品测试、验证和评价的必然途径。基于计算机模拟仿真技术的虚拟仿真测试不仅可复现性好，也具有不受时间、气候和场地限制等优点，且可代替危险性试验，可便捷、自动地调整试验参数，从而缩短开发周期、提高效率、降低成本、保障安全；模拟仿真技术已经成为世界范围内，包括汽车工业在内的工程技术与产品研发的一种重要手段。

美国 Alphabet 公司旗下的 Waymo 研发的智能驾驶汽车代表了当今世界汽车智能化的最高水平，其成功主要得益于仿真测试技术及其广泛应用。根据 TC Sessions：Mobility 2019[2]，截至 2019 年年底，Waymo 进行的仿真测试里程已达到 160 亿 km（图 1-1），相比之下，道路测试里程只有 1600 多万 km。仿真测试技术和驾驶模拟手段已经成为当今世界汽车智能化技术与产品研发的主流趋势和发展方向，也是汽车智能驾驶技术与产品研发、测试、评价的重要技术途径。

图 1-1 Waymo 汽车智能驾驶仿真测试

面向汽车智能驾驶仿真测试的模拟仿真技术一般包括物理建模、环境模拟与数值仿真等，而环境模拟是智能汽车与传统汽车模拟仿真区别的关键所在，包括道路、交通、天气和光照等环境的模拟，以及对应的各类环境传感器的建模等。

传统的建模对象往往是具有明确物理属性的物理体，存在明确的、遵守一定物理定律的物理规律，并可采用数学方程描述或表达、通过数值计算方法求解。车辆及其运动就是一个典型的例子。车辆属于机电液一体化结构体，其运动规律符合由牛顿定律确定的力与运动的关系，即车辆动力学，并据此可建立车辆受力与运动相互作用原理并反映车辆运动规律的车辆动力学模型，而道路与轮胎的接触、空气动力学等则反映了人的驾驶操作之外、行驶环境因素对车辆运动的影响。通常车辆动力学模型可以采用传递函数、常微分方程、微分代数方程等描述，或以状态方程的形式表达，这取决于建模的具体方法或详细程度等，上述方程也可以是线性或非线性、低阶或高阶、隐式或显式等。然后利用合适的数值离散方法对这些代表模型的数学方程加以求解，完成计算机数值仿真。因此物理建模反映了对物理体深刻理解基础上的数学抽象过程，其基础是物理定律，其表达是数学方程，其求解是数值仿真。

汽车智能驾驶系统通常采用各类像机、雷达、定位和无线通信等传感器感知其行驶环境中的道路和各类目标或障碍物等，广泛地涉及物理世界除力之外的声、光、热、电等物理现象，以及包含温度、湿度、气压、雨、雪、雾等大气现象。环境模拟不仅涉及范围广，而且往往极其复杂，具有高度的随机特征和不确定性，这使得环境模拟具有很强的跨学科特征和高度的挑战性，也是智能汽车模拟仿真技术与传统汽车的重要区别。因此，环境模拟反映了在对物理世界深刻理解的基础上，通过数学或计算机图形学等相关技术手段的抽象过程，其基础是对物理世界的深刻理解，其表达是包括数学方程、计算机图形、虚拟现实等在内的各种方式，其求解是数值离散、三维成像、图像渲染等各类仿真技术。

模拟仿真与数字虚拟化技术在汽车智能化领域的应用时间还不长，面临的技术挑战主要还是源于模拟对象的复杂性和不确定性，这给传统上基于物理定律建立反映其物理规律的建模方法，以及模拟精度和模型的可验证性等都带来了极大的挑战性。随着计算机软硬件、实时图形图像处理、虚拟现实，特别是并行处理和图像渲染等模拟仿真技术的不断发展，以及汽车行驶环境模拟和环境传感器建模技术的不断提高，基于模拟仿真技术的汽车智能驾驶仿真测试技术逐渐成为汽车智能驾驶技术与产品研发的前端关键技术，是体现技术与产品核心竞争力的决定性因素。

1.2 汽车智能驾驶模拟仿真

智能汽车的模拟仿真技术采用精确物理建模、高效数值仿真、高逼真图像渲染等相结合的方法，逼真地构建包括车辆、道路、天气、光照和交通等在内的人车环境模型，以及各类车载传感器模型。针对汽车行驶环境无限丰富的特征及其对车载环境传感器的复杂影响，综合运用几何映射、物理映射、像素映射和概率映射等多种映射方式构建具有不同属性、满足不同应用需求的高逼真度数字化场景及场景库。

针对汽车智能驾驶技术与产品的测试特点，一方面，从数据层面考虑，道路交通事故往往发生在一些边缘或极端行驶工况，属于小概率事件。而对小概率事件的测试往往需要巨大的数据样本或很长的测试周期，更何况事故本身的危险性和难以复制性，使得道路测试既不现实、也不安全。另一方面，借助模拟仿真方法与工具，可自动构建并生成各种内容丰富、逼真、数量巨大的虚拟场景，自动创建各种典型驾驶工况、极限或边缘行驶环境，创建满足 DO178C、ASIL 和 ISO 26262 等在内的各种测试标准、规范以及测试需求的测试用例，实现智能驾驶汽车全天候、全工况的自动化测试、验证和评价，体现了比实际道路或场地测试巨大的安全和效率优势。

基于模拟仿真技术的仿真测试还可进一步支持离线仿真，支持实时 – 软硬件在环和驾驶员在环等多物理体在环实时仿真。通过实时硬件等多物理体在环仿真，不断提升模拟仿真系统的置信度，提升模拟仿真平台下汽车智能驾驶技术与产品的开发效率和质量。

基于作者多年开展的汽车智能驾驶模拟仿真技术的研究，其中涉及的关键技术主要包括：

1）汽车行驶环境模拟技术。汽车行驶环境十分复杂，包括道路、交通、天气和光照等复杂大气现象，广泛地涉及物理世界包括声、光、热、电等在内的物理现象，以及包括温度、湿度、气压、雨、雪、雾等在内的大气现象。行驶环境不仅是影响汽车行驶安全和性能，也是影响车载环境传感器对环境检测和感知的关键因素。环境模拟不仅涉及范围广，而且其对车载环境传感器的影响机理也极其复杂，具有高度的随机特征和不确定性等。

2）智能汽车环境传感器建模技术。智能汽车常用的环境传感感知设备包括各类像机和雷达、定位和无线通信设备等。传感器建模技术包括基于几何与物理建模和图像模拟混合建模方法的像机模型，以支持对车载像机、视觉成像和图像处理等的模拟和仿真；包括考虑雷达电磁波发射、传播、反射和接收机理，考虑复杂天气、地表杂波和干扰等环境因素，目标散射面积等对功率衰减和检测误差影响机理的雷达建模方法，以及支持定位导航的 GPS 建模和支持车车通信的车载无线通信信道建模方法等。

3）车辆动力学建模技术。汽车和车辆动力学精确且高效建模是汽车模拟仿真的重要基础，包括汽车底盘（制动系统、转向系统和悬架系统）和动力总成（发动机、变速器、离合器、分动器等）建模、轮胎建模、转向盘力感模拟和驾驶模拟器动感模拟等，以支持智能驾驶汽车在各种行驶工况下的运动轨迹跟随、避撞，以及动力性、舒适性和操纵稳定性等的模拟仿真。

4）一体化模拟仿真技术。汽车特别是现代智能汽车技术及产品的研发涉及概念设计和定义、系统设计与分解、软硬件设计与开发、系统集成、测试与验证等诸多环节，而不同环节又有着不同的技术要求。传统的模拟仿真技术往往建立在不同的仿真平台上，存在着时钟不同步、数据不兼容、界面不统一以及虚拟仿真与道路测试脱节等问题。建立一体化模拟仿真平台即可实现从离线到实时、从软件模拟到硬件在环、从虚拟仿真到实车测试，以及包含人车环境在内的无缝工具链和数据链，形成支持汽车智能驾驶技术与产品研发不同阶段、不同环节和不同需求下的分析、设计、研究、测试、验证和评价等一体化仿真流程与平台。

汽车智能驾驶模拟仿真技术具有广泛的应用场景和应用前景，包括车辆动力学（动力性、制动性、舒适性、操纵稳定性等）、车辆动力学控制（ABS、TCS、ESC 等）、汽车智能辅助驾驶（ACC、AEB、LCC、LKA、APS、TJP 等）、智能驾驶、智能网联汽车，以及智能交通（车车、车路协同，智能交通管理）等系统的研发与测试。

1.3 基本目标和主要内容

本书可作为车辆工程、汽车智能驾驶、汽车电子控制、自动化、计算机模拟仿真等专业方向的本科生和研究生的专业理论课教学或课外科创参考书，也可作为上述相关领域工程技术人员和科研人员的参考资料。本书除了系统性的理论与方法介绍外，还提供了丰富且翔实的汽车智能驾驶仿真实例以及对应的仿真软件操作指南，对高等院校学生的课程设计、毕业设计、课外科创和课题研究等都有重要的参考价值。

书中主要内容包括：

1）第 1 章绪论，介绍模拟仿真技术的历史背景、技术现状、发展前景等。

2）第 2 章模拟仿真技术基础，主要阐述了有关模拟仿真技术中的关键技术，例如物理建模技术基础、计算机图形学基础、数值仿真技术基础、实时模拟仿真技术等基础性理论和方法。

3）第 3 章车辆动力学建模，主要阐述车辆动力学建模的基本理论与方法，以及 PanoSim 的车辆动力学模型等。

4）第 4 章数字虚拟场景构建，主要阐述场景的内涵与架构、道路与场地构建、交通及环境建模，以及影响汽车智能驾驶的天气与光照模拟等。

5）第 5 章车载环境传感器建模，主要阐述汽车智能驾驶常用的像机、毫米波雷达、激光雷达、超声波雷达建模，以及 GPS 定位与 IMU 惯导建模等。

6）第 6 章多物理体在环实时仿真技术，主要阐述包括模型在环（MIL）、软件在环（SIL）、硬件在环（HIL）、车辆在环（VIL）、以及人在回路仿真与驾驶模拟器（DIL）等各种实时仿真技术与方法。

7）第 7 章汽车自动驾驶仿真实验，主要阐述了针对智能驾驶环境感知、决策与规划、运动控制的工作原理、仿真测试环境搭建与试验方法。

8）第 8 章典型智能驾驶仿真应用，主要介绍了包括自动紧急制动系统（AEB）、自适应巡航系统（ACC）、车道跟随控制系统（LCC）、自动泊车系统（AP）等实例搭建和模拟仿真试验方法。

9）第 9 章主要介绍了汽车模拟仿真系统 PanoSim 的功能、模型、XIL 系统应用。

10）附录主要介绍了 PanoSim 操作指南，包括安装、使用和实例操作等。

第2章
模拟仿真技术基础

由于20世纪四五十年代航空航天和原子能等技术发展的迫切需要，模拟仿真技术得以兴起，并随着20世纪60年代计算机软硬件技术和数值计算技术的不断成熟得以迅速发展，并逐渐在包括航空航天、汽车等许多工程领域获得了广泛的应用。自20世纪90年代起，世界主要汽车制造企业基于虚拟仿真平台的开发成本占汽车技术、功能和产品研发的比例已经高达70%，形成了数值虚拟测试与开放道路和封闭场地测试等高度互补且一体化的测试方法与流程，体现了其可复现性好，不受时间、气候、场地限制，可替代危险性试验，以及可便捷、自动地调整试验参数等独特的优势，从而缩短开发周期、提高效率、降低成本、保障安全。模拟仿真和数字虚拟化技术已被广泛地视为汽车技术与产品测试、验证和评价的重要手段和前端关键核心技术，也是体现技术与产品核心竞争力的决定性因素。

随着汽车智能化技术的不断发展，行驶环境逐渐成为汽车的关键且重要的组成部分，这也对模拟仿真技术提出了新的需求和挑战。汽车行驶环境广泛地涉及物理世界的声、光、热、电等物理现象，以及包含温度、湿度、气压、雨、雪、雾等大气现象，对基于像机、雷达、定位和无线通信设备等在内的车载设备的环境感知具有重要影响。因此，环境模拟不仅涉及范围广，而且往往极其复杂，具有高度的随机特征和不确定性。环境模拟一般以计算机图形学和虚拟现实等技术为基础，通过三维成像和图像渲染等各类仿真技术构建而成。

本章主要介绍有关模拟仿真涉及的物理建模技术、计算机图形学、数值仿真技术等基础性理论和方法。

2.1 模拟仿真技术背景

以汽车电子控制系统产品开发为例，传统的产品开发流程一般都要经过"概念构思（Concept Design）""产品设计（Product Design）""原型制造（Prototype Fabrication）""测试验证（Test and Validation）""产品定型（Product Finalization）"等在内的典型开发阶段，如图2-1所示。

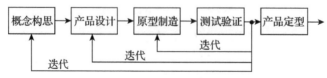

图2-1 传统的产品开发流程

产品开发过程是一个典型的不断试错、纠错并不断完善的迭代过程，其特点是周期长、成本高，涉及环节多，效率低且不易自动化。另外，受限于检测数据的范围和精度、测试评价指标、测试验证方法等，这个过程即便经过多轮迭代，其结果也不易收敛，难以保证最终产品开发的满意度。

随着计算机技术和模拟仿真技术的不断发展与成熟，世界主要汽车制造企业也在不断加快模拟仿真和数字虚拟化技术在汽车产品研发中的应用，包括汽车结构及安全性、动力及传动系统、操纵稳定性、振动与噪声、可靠性、空气动力学、热管理等在内的方方面面，如图 2-2 所示。自 20 世纪 90 年代起，虚拟仿真平台占传统汽车技术、功能和产品研发的比例已经高达 70%，已经成为汽车研发过程的关键手段和核心技术，展示出模拟仿真技术的高效、安全和低成本的巨大优势。

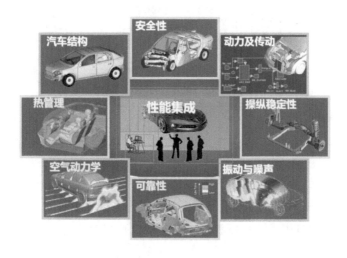

图 2-2 模拟仿真技术在汽车产品设计中得到广泛的应用

如图 2-3 所示，模拟仿真技术也在各类汽车试验中发挥重要作用，并逐步成为减少或替代传统道路、场地或台架实车测试的重要手段，包括操纵稳定性试验、动力和制动试验、碰撞试验，以及许多台架试验等，展示了基于模拟仿真技术的虚拟试验可重复、可灵活设置、可自动化，同时易于分析、理解和发现系统内在关联等独特优势。

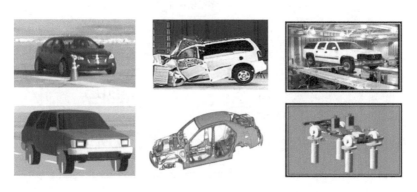

图 2-3 模拟仿真技术在汽车产品测试中得到广泛的应用

随着模拟仿真技术的发展，汽车工业也普遍采用了获得广泛应用的 V 模式，对于提高产品开发效率和开发质量有着重要意义。

如图 2-4 所示，以汽车电子控制系统开发为例，V 模式的基本特点是需求驱动，基于仿真的开发平台和基于模型的开发方法，自顶向下设计、自底向上验证；基于模拟仿真技术、通过软硬件等物理体在环和人在回路的技术手段，实现系统的自顶向下分解设计与自底向上的集成验证，高效、高质量地打通产品开发从概念构思到原型制造再到产品定型的整个过程。

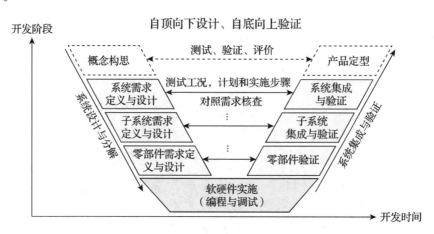

图 2-4 基于 V 模式的产品开发流程示意图

如图 2-5 所示，模拟仿真技术是基于模型开发方法的重要技术手段。一方面，在产品构思、系统设计与分解过程中，可以利用软件模拟仿真平台大大加快产品前期的开发与迭代进度，不仅迭代效率高，而且成本低；另一方面，随着子系统或零部件硬件的完成，可以利用硬件在环仿真进一步提高仿真置信度、加快产品验证进度，这里的"硬件"包括汽车电子控制器、制动器或转向器等底盘系统和动力传动系统等。最后，可以利用驾驶模拟器实现人在回路的模拟仿真，加速对拟定型产品的主客观评价。

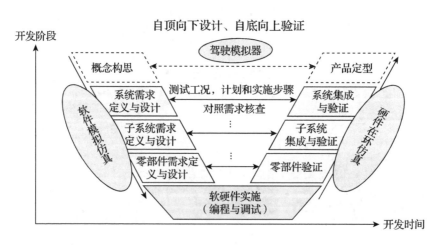

图 2-5 模拟仿真技术在现代 V 模式产品开发中扮演重要角色

模拟仿真技术建立在对物理世界高精度模拟和对数学方程高效数值仿真的基础之上，如图2-6所示。一方面，通过纯离线（软件）仿真、实时软硬件在环（或多物理体在环）仿真和包含驾驶员的人在回路仿真等仿真方法，借助于图形化或方框图建模语言、代码自动生成、快速原型等工具和理念，形成支持汽车电子控制系统开发的仿真工具链，以大幅度降低对实车测试的要求，也为实车测试与验证奠定关键的基础。

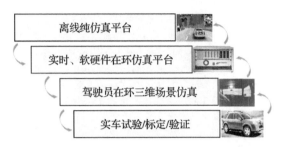

图2-6　模拟仿真技术为实车测试验证奠定基础

如图2-7所示，基于模型的开发方法是以模拟仿真技术为基础，通过上述模拟仿真工具链实现控制模型从纯离线仿真、实时软硬件或多物理体在环仿真，到实车开发与测试的无缝连接，从而形成了包括汽车电子控制系统等在内的产品从概念到定型，高效、安全、低成本、可靠、完整的开发与测试方法与流程。

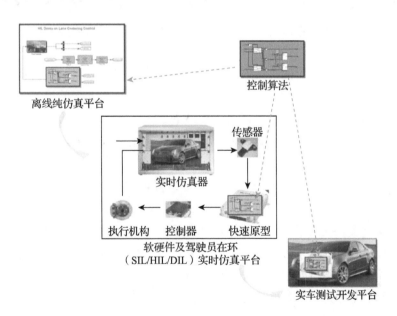

图2-7　基于模型的开发方法形成无缝开发链

基于 V 模式的汽车电子控制系统开发流程，通过技术规范对需求的定义，通过软硬件开发实现产品的设计与制造，通过测试用例和验证方法确定产品定型等，而模型是打通产品开发诸多环节的重要核心，也是模拟仿真技术的重要前提和基础，如图2-8所示。

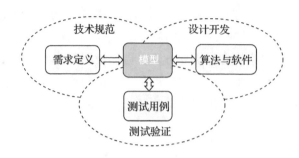

图2-8　模型是现代 V 模式产品开发的核心

2.2　物理建模技术基础

2.2.1　物理模型概述

模型是基于物理原理或定律对真实物理系统具有足够置信度的抽象与简化，并以数学方程等方式表达。

物理模型是物理系统的数学对偶体，两者具有足够的相关性和相似度，反映了物理系统的置信度。物理模型反映的真实物理系统往往是具有明确物理属性，存在着明确的、遵循一定物理规律的，且可采用数学方程描述或表达的物理体。车辆就是一个典型的物理系统，属于机电液一体化组合系统，其运动规律符合由牛顿定律确定的力与运动的关系，即车辆动力学。

车辆动力学模型反映车辆受力与运动的相互作用机理并反映车辆运动规律，一般可以采用传递函数、常微分方程、微分代数方程等描述，或以状态方程的形式表达。这取决于模型复杂或详细程度等，上述方程可以是线性或非线性、低阶或高阶、隐式或显式等。因此，物理模型反映了对物理系统及其规律深刻理解基础上的数学抽象过程，其基础是物理定律，其表达是数学方程。

物理模型不仅是对物理系统的抽象，还往往伴随着简化过程。真实世界的物理系统，其本质通常都具有高阶（甚至无限阶）、非线性、未知等许多复杂特征。受限于对物理系统的认知和理解程度，受限于数学方法以及计算机数值求解效率和可行性等因素，对物理系统建模的简化过程就显得十分有必要，也十分重要。物理模型的简化过程通常包括降阶处理，即根据需求或应用抓住物理系统的本质和主要矛盾，忽略系统的高阶成分。此外，忽略系统的未知、不确定、次要等成分或特征，线性化处理或等效处理等也是物理模型常见的简化特征。

根据物理系统的不同特点或对物理系统认识的不同途径或程度等，物理模型可以有不同的表达方式，常见的可以分为3类（图2-9）：

1）基于数学解析表达式的解析模型、基于经验公式的经验模型、基于统计规律的统计模型等。这些模型能够反映比较明确的物理规律或物理含义，其表达相对简单紧凑、粒度相对较粗，但计算效率高。这类模型具有系统的综合特征，适合于系统控制设计和实时仿真等应用。

2）基于系统结构的多刚体模型、基于有限元离散的有限元模型、基于机械结构设计的 CAD 模型等。这类模型不易直接反映系统的物理规律或物理含义，注重细节和组成，其表达相对繁琐、粒度相对较细，但计算效率低。这类模型具有系统的分析特征，适合于系统结构设计和非实时仿真等应用。

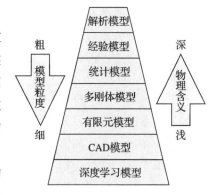

图 2-9　物理系统建模的不同类型

3）随着人工智能技术的不断发展，基于数据驱动的建模方法在汽车领域也得到了广泛的应用。深度学习模型即属于这类，其特点是反映通过大量数据建立的输入与输出之间的映射关系，而无需事前揭示或描述这种映射关系的物理机理或数学方程，因此表现出明显的黑盒特点。

模型越详细，粒度越细，一般其精度或置信度会越高，但模型表达的物理含义往往就越不清晰、不直观，也难以理解；反之亦然。

以车辆动力学建模为例，车辆结构十分复杂，并由数万个零部件组成。一方面，可以构建反映车辆结构和零部件组成的车辆动力学模型（例如 Adams 模型），其精度高且详尽地反映了车辆的组成与结构，却很难从这类模型中直观理解其反映的物理含义；另一方面，也可以构建简单的两轮模型，比较直观且不失准确性地反映车辆的操纵稳定性特征。

如图 2-10 所示，车辆可简化为一个具有平面二自由度的刚体，忽略与车辆操纵稳定性相关度较小的动力、底盘和悬架及其运动的影响，基于牛顿定律对车辆侧向和横摆运动进行分析，可以建立车辆的二自由度模型。

物理原型　　　　　　　　　　模型简化　　　　　　　　　物理模型（方程）

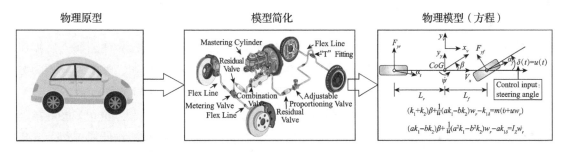

图 2-10　车辆二自由度模型物理建模示例

以汽车电子控制系统为例，物理系统建模不仅要求模型有较高的置信度或精度，还要求有良好的实时性或计算效率，而模型的计算效率与精度永远是一对矛盾。因此，建立能够精确反映物理系统主要特征且忽略其细节形成的精简模型就十分重要。

2.2.2　物理建模方法

物理建模面临的物理系统和应用需求多种多样，对于同一物理原型，建模目的或需求不同，采用的分析方法、使用的数学工具也不同，最终得到的物理模型也可能不同，因此具体问题需要具体分析。从方法论的角度，物理建模基本方法通常分为机理建模、数据驱动建模和机理数据混合建模等。

(1) 机理建模

基于机理的建模方法即通过对物理系统或建模对象特性的认识和理解，深刻分析该系统输入、输出物理量以及内部变量间的因果关系，找出反映内部机理的物理规律，建立符合物理规律且满足应用需求的数学模型。车辆动力学模型是一个典型的可以基于物理定律反映车辆运动规律的模型。

机理建模是以物理原理（例如牛顿定律、伯努利方程、电磁麦克斯韦方程等已成型的定律）作为建模指导，通过对建模对象从简单到复杂、从单元到系统，逐步分析层层递进分析，采用数学推导方法，建立系统整体的物理模型。以车辆动力学建模为例，首先基于牛顿定律对车辆进行受力与运动分析，将车辆分解为若干子系统，然后对每个子系统建立反映物理模型对应的数学方程，最后根据子系统之间的相互作用关系推导出整车的动力学模型或数学方程。

基于机理的建模方法，其模型与实际物理系统或物理过程的相关性和相似度较高，因此可以较为准确地表达建模对象的物理规律，也能够较为清晰地解释模型反映的物理过程。基于机理建模方法产生的物理模型往往可以形成解析数学表达式、经验公式或统计模型等，因此对于数值求解的效率也有较大的优势。然而，由于物理系统的复杂性，许多随机过程或未知因素很难通过物理定律或机理准确地表达，因此基于机理建模方法产生的物理模型往往需要作出许多理想化处理，包括降阶、简化、线性化等，其结果将影响模型的精度或置信度。

(2) 数据驱动建模

数据驱动建模是将对象看作"黑盒子"，不直接理解其内部机理，对模型输入、输出采用数据统计分析，得到能够拟合对象输入输出映射关系的模型。例如，基于驾驶行为数据的驾驶员模型、基于机器学习的图像识别模型、基于深度学习的转向盘力感模型等。

基于数据驱动的建模方法通常以模型的输入、输出数据为训练样本，建立多层的神经网络结构，经过大量数据样本的训练，以模拟真实物理系统反映的物理特性或规律。常用的方法有最小二乘、神经网络和深度学习等方法。随着高性能计算机技术的不断革新和人工智能技术的飞速发展，依托大数据资源的数据驱动建模方法越来越多地应用在智能驾驶模拟仿真领域中。数据建模能很好地解决之前通过物理定律建模或机理建模方法效果不理想的问题。

(3) 机理数据混合建模

这是前两种方法的结合。面对复杂的物理系统，部分子系统可以通过机理建模，而另一部分难以明确地建立其内部物理机理，采用物理机理和数据驱动混合建模方法，互为补充得到完整的系统模型。机理数据混合建模多应用于复杂系统建模领域，既保证了系统简单部分的可解释性，又解决了系统复杂部分仿真效果不理想的问题。

2.2.3　物理建模技术

物理建模通常由问题性质、建模目的决定具体的建模方法。通常物理建模包括建模目的、物理原型、模型假设、物理模型、模型结果五个要素，如图 2-11 所示，具体建模过程有模型分析、模型简化、模型构建、模型求解四个环节，模型的反馈修正从模型假设、模型结构、模型置信度三个方面开展。

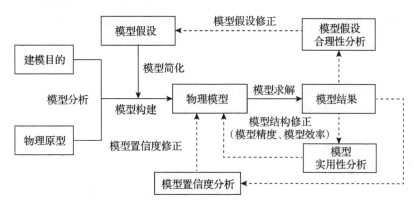

图 2-11　物理建模技术框架

(1) 建模目的

物理建模是为了某个特定的目的对物理原型进行简化抽象构造的原型替代物，明确建模目的至关重要。物理模型并不是物理原型的复制品，物理原型有各个方面和各个层次的特征，而物理模型只要求反映与建模目的相关的特征。

一个物理原型根据不同的建模目的可以构建出多种类型的物理模型。面对同一个物体，模型功能要求不一样会导致建模的关注点不一样，例如为了研究车身空气动力学构建的模型，在车身建模上必须精确，而车辆的内部结构（例如发动机、传动系统等）都可以进行简单建模。为了研究车辆悬架系统构建的模型，在悬架结构建模上必须精确，而车身、发动机等可以简单建模。模型的实时性要求也会导致模型结构不一样，为了满足模型在硬件中实时计算要求，在平衡建模精度时应尽可能地降低模型阶数。例如，构建车辆二自由度模型能满足操纵稳定性控制要求，就没必要构建十七自由度的车辆动力学模型。因此，建模目的要明确，这决定了模型的基本特征，避免盲目建模时的低效和无用。

(2) 物理原型

物理原型就是现实中的研究对象。研究车辆的底盘，底盘就是物理原型；研究车辆的车身空气动力学特性，车身就是物理原型；研究车辆的发动机，发动机就是物理原型。物理原型背后的物理规律如果明确可以描述，就可以建立可解释的机理模型，如果难以掌握其变化特性，则可采用数据驱动方式建模。

(3) 模型假设

模型假设应根据物理原型和建模目的抓住问题本质，忽略次要因素作出合理、必要的抽象假设和简化。理论假设的依据一方面是建模者对问题物理规律的认识，另一方面是对现象和数据的分析以及二者的综合。同时，想象力、判断力、经验在模型假设中也起着重要的作用。例如，研究汽车操纵稳定性的车辆二自由度经典模型，在建模过程中对车辆和轮胎进行线性的假设，分析时假定车速恒定，不考虑车辆纵向运动，并假设转向盘转角很小，该假设保证了轮胎侧偏角很小，轮胎仅工作在线性区域。以上假设车辆运行在低速或高速小转角的状态，但是车辆在高速、紧急转向过程中，车辆的转向盘转角大、变化快时，轮胎的侧偏角就不在线性范围内，这时需要对模型假设做修正。

假设的合理性是建模成败的关键，模型假设做得不合理或太简单，会导致错误的或无用的模型；模型假设过分详细，需要考虑的因素变量增多会导致系统复杂，建模困难甚至无法数值求解。因此，模型假设需要在合理与简化之间找到平衡。

(4) 物理模型

物理模型是在模型假设基础上，用数学语言和符号抽象描述物理原型内在的变化规律，建立包含常量或变量的数学方程，例如常微分方程、代数方程、差分方程、图等。

模型构建过程主要分为模型分析、模型简化两个部分。模型分析是指根据建模目的和原型特点分析建立什么类型的方程，例如，车辆动力学是研究力、运动随时间的变化关系，多用微分方程描述。同时，为了降低模型的复杂度、模型阶数，还要对模型进行合理的简化。例如，在车辆二自由度模型中，只关注车辆的侧向和横摆运动，那么就可以忽略车辆垂向运动，建模过程中忽略掉车辆的悬架系统来简化模型。模型构建原则分为系统建模和结构建模。

基于系统的模型关注系统的特性而忽略系统具体的结构信息，相反，基于结构的模型关注具体结构信息，可以直观、精确地描述对象的物理信息，两种方法各有千秋。以车辆动力学建模为例，可以分为基于系统的车辆动力学模型和基于结构的车辆动力学模型：

1）基于系统的车辆动力学模型，采用等效模型作用力来描述系统特性，将系统参数作为输入，忽略了具体的系统结构信息，避免了求解复杂的运动学方程组和动力学方程组，能够满足实时仿真的需求。

2）基于结构的车辆动力学模型，将一个模型分为多个子系统，每个子系统由多个刚性体或弹性体的部件组成，部件之间通过约束连接，得到的运动学和动力学方程组能够体现车辆具体的结构信息，但是建立的方程组大都属于复杂的大规模微分 - 代数方程组，刚性较大，求解耗时较长，存在实时计算问题。

因此考虑到仿真的实时性，模拟仿真中多建立基于系统的车辆动力学模型，目前常用的车辆动力学建模方法有经典力学中以牛顿 - 欧拉法为代表的矢量力学方法和以拉格朗日方程为代表的分析力学方法、凯恩方法、变分法和图论方法等。

(5) 模型结果

对建立好的模型进行数学求解得到模型结果，根据模型的特点采用相应的数值计算方法，具体的方法将在下一小节进行详细介绍。有了模型结果以后还需要进行包含模型假设合理性、模型实用性和模型置信度的分析，通过反馈修正模型来提升其准确性。

1）模型假设的合理性分析，主要是将模型结果与物理原型输出对比分析，从模型假设的角度研究模型的偏差，确定是否存在模型假设的不合理、过度、缺失等问题，为反馈修正提供参考。

2）模型实用性分析，主要分析模型的精度和计算效率。效率主要关注能否满足实时性要求，高的精度必然带来低的效率，为了缓解这对矛盾，需要优化模型结构和采用先进的计算方法，还要在模型精度和模型效率中平衡建模需求。

3）模型置信度分析，在特定工况中仿真对比分析模型的准确度。例如，在车辆动力学模型标定中，对采用同样参数、同样操作输入、相同工况的真车和模型进行输出结果对比测试。在直线工况上，主要对比车身纵向加速度、纵向速度、纵向位移、车身俯仰角等输出响应；而在转向工况上，主要关注横摆角速度、侧向加速度、车身侧倾角、质心侧偏角等输出响应，以此来验证模型是否可靠。通过置信度分析，定位影响模型不准的因素，最后根据分析结果修正模型，以提高模型的置信度。

下面将从方法论的角度详细介绍物理建模技术，并给出了通用建模分析方法，以车辆二自由度动力学建模为例，介绍建模过程和方法。

车辆被抽象并简化为平面运动的刚体，模型的主要关注点为车辆的操纵稳定性。假设车辆纵向速度为慢变状态，这样忽略其纵向动力学，而主要考虑其在外力作用下的侧向和横摆运动，因此车辆仅包含侧向和横摆两个运动自由度，并基于牛顿–欧拉法建立系统的二自由度动力学方程。

(1) 模型简化

假设车辆行驶在平坦路面，无垂向路面不平度输入，如此忽略与行驶动力学相关的垂向力影响。假设包括悬架系统在内的车辆结构为刚性，忽略转向系统的影响，直接以前轮转角为输入；忽略空气动力学和轮胎滚动阻力等影响；进一步假定车辆输入转角足够小（小角度假设），车辆纵向速度慢变，以参数表达；轮胎纵侧向受力处于线性范围等（轮胎侧偏特性线性假设），从而使得车辆运动处于线性范围。

(2) 建模推导

经抽象并简化的车辆二自由度模型如图 2 - 12 所示。建立固结于地面的惯性参考系 $G(g_1, g_2, g_3)$，再建立固结于车身的参考系 $A(a_1, a_2, a_3)$，其中 g_3 轴和 a_3 轴的正方向均垂直于地面向下。

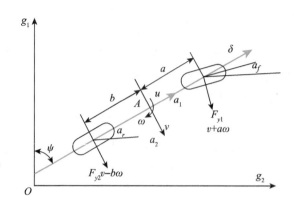

图 2 - 12　车辆二自由度模型

ψ—航向角　u—车辆纵向速度　v—车辆侧向速度　ω—车辆横摆角速度

坐标系转换关系为

$$g_1 = \cos\psi a_1 - \sin\psi a_2 \tag{2-1}$$

$$g_2 = -\sin\psi a_1 - \cos\psi a_2 \tag{2-2}$$

考虑前轮转角 δ 较小，近似地 $\cos\delta = 1$，在车身坐标系下，车辆受到的合外力和合力矩方程为

$$\sum F_y = F_{y1} + F_{y2} \tag{2-3}$$

$$\sum M_z = aF_{y1} - bF_{y2} \tag{2-4}$$

绕 a_3 轴的动量 P 为

$$P = mu_{a_1} + mv_{a_2} \tag{2-5}$$

动量 P 在参考基 A 中对时间的导数为

$$\frac{\mathrm{d}P^A}{\mathrm{d}t} = m\dot{u}_{a1} + m\dot{v}_{a_2} \tag{2-6}$$

式中，车辆的纵向车速恒定，所以 $\dot{v} = 0$。

车辆在参考基 A 中的动量矩为

$$L = I\omega_{a_3} \tag{2-7}$$

式中，I 是绕 a_3 轴的转动惯量。

根据参考基 G 和参考基 A 的转换关系，得到动量和动量矩在参考基 G 中的变化率为

$$\frac{\mathrm{d}P^G}{\mathrm{d}t} = m\left(\dot{v} + u\omega\right)_{a_2} \tag{2-8}$$

$$\frac{\mathrm{d}L^G}{\mathrm{d}t} = I\dot{\omega}_{a_3} \tag{2-9}$$

根据牛顿 - 欧拉方程，系统的运动方程可写为

$$m\left(\dot{v} + u\omega\right) = F_{y1} + F_{y2} \tag{2-10}$$

$$I\dot{\omega} = aF_{y1} - bF_{y2} \tag{2-11}$$

车轮前、后轮胎侧偏角如图 2 - 12 所示。前、后轮的侧向速度分别为

$$v_f = v + a\omega \tag{2-12}$$

$$v_r = v - b\omega \tag{2-13}$$

当侧偏角很小时，$\tan\alpha \approx \alpha$，前、后轮侧偏角可近似表示为

$$a_f \approx \frac{v + a\omega}{u} - \delta \tag{2-14}$$

$$a_r \approx \frac{v - b\omega}{u} \tag{2-15}$$

当轮胎侧偏特性处于线性范围内时，轮胎侧向力可表示为

$$F_y = -C_{ax}a_x \tag{2-16}$$

式中，C_{ax} 是某一轴的侧偏刚度；a_x 是某一轴的侧偏角。

将式（2-14）~式（2-16）代入式（2-10）和式（2-11），得到车辆二自由度动力学方程

$$m\left(\dot{v} + u\omega\right) = C_{af}\delta - \frac{(C_{af} + C_{ar})}{u}v - \frac{(aC_{af} - bC_{ar})}{u}\omega \tag{2-17}$$

$$I\dot{\omega} = aC_{af}\delta - \frac{(a^2 C_{af} - bC_{ar})}{u}v - \frac{(a^2 C_{af} + b^2 C_{ar})}{u}\omega \tag{2-18}$$

2.3　计算机图形学基础

计算机图形学是一门利用计算机技术和数学方法等研究图形表示、处理和显示的学科，也是汽车智能驾驶模拟仿真技术中关于环境模拟的重要技术基础，如图 2-13 所示。通过精确的三维世界及图像建模与逼真的渲染技术产生高逼真的场景效果，以实现对汽车行驶环境的模拟仿真。

图 2-13　计算机图形学

a）人在回路仿真　b）智能驾驶系统仿真测试　c）高逼真度场景模拟

环境模拟是汽车仿真测试的关键技术。一方面，高逼真度环境模拟为人在回路测试和驾驶模拟器应用提供重要的视觉反馈，是提高驾驶员驾驶沉浸感的关键技术。另一方面，汽车智能驾驶系统的环境传感器建模主要依赖于三维世界及图像建模，包括像机建模及图

像模拟、毫米波雷达建模及目标检测、激光雷达建模及点云数据处理等。

随着近年来深度学习在机器视觉上的广泛应用，使得用于模型训练与测试的数据变得十分关键，也对数据的质量和数量，以及包含的内容提出了新的要求。计算机图像模拟能够为机器学习提供大量的高逼真度、丰富且具有边缘或极限特征以及能够泛化的场景模拟数据，为解决真实路采数据成本高、效率低、不易泛化，以及不易标注等问题提供了新的技术途径，为汽车智能驾驶的感知、决策与规划算法开发提供重要的数据支撑。

2.3.1　计算机图形学

计算机图形学涉及的领域很多，本节主要介绍其中的图像渲染方法，即利用计算机生成在人的视觉中的逼真图片，即照片级图像（Photo-realistic），其关键是计算机图像渲染技术。计算机图像渲染是一个离散过程，包括计算、存储、显示等，也是一种物理建模技术，需要建立对真实世界清晰的理解，包括物理世界的几何形状、物体表面的材质属性和纹理特征，特别是光照影响等。图 2-14 反映的是对真实世界的显示处理，即基于像素的离散化过程。

真实物体在屏幕上显示时，因为屏幕像素的离散化显示，图 2-14a 会以 c 的形式呈现出来。这其中的圆形通过像素呈现时，除了中心的四个像素之外，其余的像素只包含部分的图形，导致图形由于信息缺失表现得不够真实。这在 20 世纪 90 年代因为显示屏幕分辨率低和计算机处理能力不足等十分常见，导致了类似图 2-15 左边所示游戏画面。随着显示屏幕分辨率的不断提高和计算机软硬件技术的快速发展，目前普遍已经可以看到如图 2-15 右边所示逼真度很高的图像。但不论模拟图像多么高清且逼真，计算机图形和图像生成的离散化处理原理没有改变，这一部分与后面介绍的计算机光栅化图像生成技术密切相关。

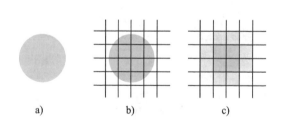

图 2-14　显示的离散化示意图

图 2-15　早期模拟图像画面和近期模拟
图像画面的对比

随着智能手机的普及，数字图像走进千家万户。近些年来，像机也被广泛地应用于汽车智能驾驶的环境感知，对道路、行人和目标识别等起着举足轻重的作用。然而，由于视觉不同、应用不同，两者对图像和图像质量的要求也有着本质的区别。

1）作为消费电子产品的应用，关注图像的主体是人的视觉。Bokeh 是摄像中一种常用手段，通过调整焦距和光圈使得拍摄的图像可以在一个特定的距离最为清晰，而在其他区域则会随着距离的变化呈现不同程度的模糊。虽然不能呈现物体最清晰的图像，但其对特定物体的聚焦表达了图像拍摄意图和人们喜欢的视觉效果。虽然早期图像处理也使用了类似边缘检测这类对图像变化梯度的测量，即对比度和清晰度，但这些图像的特征仍然由研究人员对目标物体的视觉判断而设定，所以图像还是以满足人的视觉为主。

2）随着机器学习特别是深度学习技术在图像处理上的广泛应用，关注图像的主体由人的视觉变成了机器视觉（计算机或处理器，以及其中的算法）。这一改变也使得我们需要重新思考图像和图像的质量。传统的以人的视觉审美为评判目标的图像思考未必适合以深度学习为代表的机器视觉，或者深度学习算法未必对图像有着同样的质量要求，如图2-16所示。

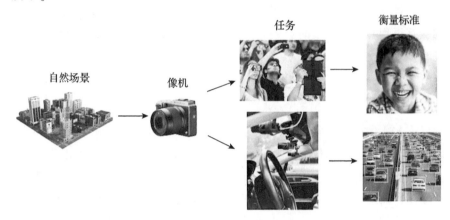

图2-16　人的视觉与机器视觉下的图像

3）虽然主观且因人而异，但人类通过视觉观察图像质量还是有其基本评价标准的。然而，基于深度学习方法建立的深度神经网络模型往往有其不可解释性，因此依据机器视觉或图像处理算法就很难评价输入图像及图像质量的优劣以及图像质量对图像处理或目标检测的影响等，并成为图像模拟的挑战。

真实世界的成像过程是，像机将一个真实世界场景及其包含物体的反射光线通过光学镜头、光电传感器和模/数转换器等转换并形成以数字信号表达的像素集。模拟图像的产生也相似，通过研究光线模拟以及三维物体几何形状、材质、纹理等成像影响，通过场景模拟和像机建模等，实现模拟的图像。

2.3.2　光线模拟

图形渲染呈现的是被动成像过程，反映了光线被捕捉到的过程，因此需要知道光是如何在空间中传播的。真实世界中光源会发光照亮物体，像机即可捕捉到视野范围内被光线照亮的部分。如果把每一条从光源到物体的连线视作为一条光线的话，那么光线的数量是无穷的，即使用计算机进行采样处理，效率也很低。通常，渲染方法从像机角度出发，反向追踪光线，称之为光线追踪，其效率比前者高出很多，如图2-17所示。

图 2-17　光线仿真示意图

当仿真速度提高时，反向追踪物体会出现采样点数目不足现象，渲染的图像会出现很多蒙特卡洛噪声。随着采样点数目的增多，图像渲染速度会降低，所以实时仿真通常会对场景光线进行预计算，并生成光照贴图。当然这也会带来模拟光线真实性不够、缺乏与物体事实上的交互过程等缺点。实时渲染有时也会使用一些特定手段达到特定效果，虽然这些手段并没有物理意义。

2.3.3　几何形状

真实世界许多物体，其形状、颜色或结构各异。然而相对于计算机渲染而言，物体只区分为固体和非固体两种。车辆属于固体，其表面通常可以用许多三角面表示，而每个三角面都包含三个点以及它们在三维卡迪尔坐标系下的空间位置。三角面是图形学中最常见的用来描述物体几何形状的基本单元。若干三角面的组合又可以构成更复杂的物体表面，增加三角面数也将相应提升物体表面的光滑度。一辆汽车外形可由数千到数十万个三角面表达，其光滑度或逼真度显著不同，如图 2-18 所示。

图 2-18　Unreal 下不同细节等级（LOD）渲染效果

实时渲染中常用多层次细节（Level of Detail，简称 LOD）描述细节的详细等级。在使用 Unreal 或 Unity3D 等典型渲染平台时会涉及对不同等级 LOD 的设置，指的是同样一个物体在仿真的过程中距离像机较远的情况下，会由于显示分辨率的限制，物体在远处的细节是无法被足够采样的。即使采用了高面数的几何模型，最终产生的图像看起来和低面数模型区别不大，所以在这种情况下实时仿真系统会根据物体距离的远近对面数设置为从低到高的几个等级，这是实时仿真的小技巧，可以减小内存空间和缩短渲染时间。一般实时渲染从低面数到高面数的过程被称为镶嵌，常用算法有 Catmall – Clark 法等。

2.3.4　材质模拟

当光照射到物体表面时释放的光子和物体的表面会发生一系列的反应，并散射到外部环境一部分光子，该过程主要涉及两种现象：反射光的频谱分布和反射方向的分布，通常采用两类函数抽象化描述光线反射的物理机理，即双向反射分布函数（Bidirectional Reflectance Distribution Function，简称 BRDF）、双向次表面散射反射分布函数（Bidirectional Subsurface Scattering Reflectance Distribution Function，简称 BSSRDF）。

1）BRDF 是最基本的一种反射函数，只考虑表面的反射过程，忽略类似于皮肤这种次表面的反射过程。这种简化过程虽然牺牲了一些精度，但是提升了渲染的效率。BRDF 是模拟真实世界的基础，是图形学中用于渲染虚拟世界的重要基础。然而，真实世界的反射一般更为复杂，很多时候包含多种反射。

2）BSSRDF 则是在 BRDF 的基础上加上了对次表面光线反射过程的描述，是一种通用性更强的反射函数。

表面反射模型通常可以通过下面 3 种方式建立：

1）测量数据：许多真实世界中物体的表面反射分布都可以在实验室获取，一般会采用分光辐射计（Spectral Radiometer）测量，此类数据会直接以查表的方式或以基底函数的系数表示。

2）现象模型：与使用测量数据的方式相比，此类方法出发点不同，甚至思路完全相反。测量数据可以给出准确的物体属性，但是现象模型则是通过一些直观的参数表示，例如亮度、粗糙度等。此类方法的优势是运算较快，常常被诸如 Unreal 或 Unity 等对渲染实时性要求很高的渲染引擎使用。

3）仿真方法：通过获取表面的低端抽象化信息得到相对准确的仿真结果。例如，毛衣由毛线编织而成，即根据毛线的材质信息，就可以通过对毛线和编制结构的仿真实现材质建模。

在实时渲染中，通常在线求解上述函数的解是不实际的，简化的方法是只针对一条平行光线做 BRDF 的函数求解，对于阴影部分则通过对预计算存入的 2D 表格查表。图 2 – 19 是一种简化的材质求解方法。从图 2 – 19 中可以看出，只需要对各项进行简单运算就可以得到一定程度可信的材质效果。

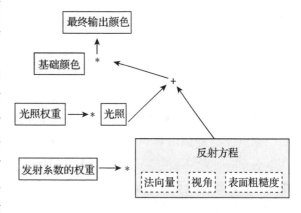

图 2 – 19　一种简化的材质求解方法

2.3.5 图像渲染

根据实际应用需求的不同，为了呈现
逼真度高的图像，常用的渲染方法可以分为以下 2 类，如图 2-20 所示。

1）基于物理的渲染方法，典型的如光线追踪（Ray-tracing）。

2）基于实时仿真的渲染方法，典型的如光栅化（Rasterization）。

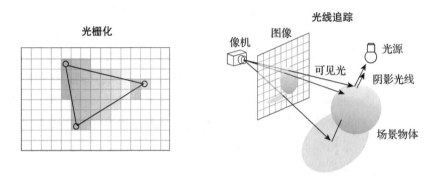

图 2-20　常用的渲染方法

(1) 光线追踪方法

在计算机图形学中，渲染方程描述光能在场景中的流动，是渲染中不可感知方面最抽象的正式表示。渲染方程的物理基础是能量守恒定律，即在一个特定的位置和方向，出射光是自发光与反射光线之和，反射光线本身是各个方向的入射光之和乘以表面反射率及入射角。根据光学原理，渲染方程在理论上给出了一个完美的结果，代表了场景中全部的光线传输。

真实感渲染技术是计算机图形学的一项重要技术，光线追踪就是其最常用的方法之一。虽然光线追踪和光栅化的目的都是生成逼真的图像，但光线追踪试图模拟光线在真实世界的传播过程，只要在计算机中可以还原光线在真实世界的传播过程，自然真实感就是随之而来的结果。尽管光线追踪方法已被包括实时渲染在内的其他方法所借鉴，但其整体计算效率比较低，目前还很难被完全应用到实时渲染中。

(2) 光栅化方法

光栅化是实时图像模拟常用的渲染方法之一，其主要基于包括 Unreal 和 Unity3D 等在内的渲染引擎。光栅化方法其基本原理是首先将 3D 世界物体的顶点透射到 2D 平面，并为每个顶点设定其 RGB 颜色信息。将一个三角形的三个顶点透射到平面之后，三个顶点会利用 Bresenham 算法填充顶点间的像素点，最后利用插值法对颜色进行插值。例如，一个相隔一个像素距离的两点 A 和 B，其颜色可分别定义为 (1, 0, 0) 和 (0, 0, 1)，那么其中间像素的点颜色则可得出为 (1/2, 0, 1/2)。当存在多个物体的场景，会采用 Z-depth buffer 概念，根据预先已知物体上每个点到像机的距离判断两者是否存在遮挡关系。还有许多方法在优化大型场景时为保证其实时性，即满足每秒渲染至少 30 张图片（该时间可能根据渲染硬件或图片分辨率的不同而有所变化），可以提供更逼真的图像。这种模型基本上是基于经验的抽象化模型，优先保证的是人的视觉对图像真实度的判断。

2.3.6　实时图像模拟的发展方向

实时光线追踪被视为计算机图形学的圣杯。光线追踪由于其本身是一个连续运算过程，只能依靠运算能力强大的 CPU，而不太适合并行计算，所以一直以来 GPU 的发展只能为 CPU 做一些辅助性渲染，并没有带动高质量实时渲染技术的发展。长期以来实时渲染和高质量光线追踪往往是一个非此即彼的选择，而这一切随着深度学习技术的发展发生了较大的改变。深度学习方法在渲染中最主要的功能就是去噪。合理地利用深度学习模型去除蒙特卡罗噪声可以大大减少光线追踪的采样数量，进而加快渲染速度。深度学习方法还可以利用算法学习如何更有效地从像机射出光线，通过方向的选择，实现对光线更为有效的利用。

当然，仅仅使用深度学习方法对光线追踪进行优化是不够的，在具体的研究中，还需要根据场景合理地选择需要进行光线追踪的部分，例如高质量的材质模型、玻璃、镜面或光泽度很高的物体等。当渲染场景远处的背景墙或是对细节要求不高的地方，可以选择性地使用光栅化处理方法加快渲染速度。总之，虽然目前还很难实现真正的实时光线追踪，但这个领域的软硬件和算法研究也取得了不小的进展，相信将来能有较大的突破。

2.4　数值仿真技术

建模（Modeling）是基于物理原理或定律对物理系统的抽象过程，其结果即是以数学方程表达的模型。而仿真（Simulation）则是对该数学方程进行数值离散、求解，实现对该模型虚拟实验的过程，其主要手段为数值计算和计算机软件等。

仿真已经成为汽车技术与产品测试的重要手段。特别是对于汽车智能驾驶，由于涉及复杂、极端甚至危险的行驶工况，传统的道路和场地测试都受到明显的制约，而模拟仿真技术有其安全、高效和低成本的独特优势。

计算机数值仿真技术所面临的挑战是，对于给定数学模型的数值计算精度与效率的平衡。一般而言，对物理系统的描述越精细，其对应的物理模型及其数学方程往往也越复杂。如何选择好的数值求解方法，在保证其数值稳定性的前提下取得较高的计算精度与效率的平衡依然是一项挑战。

图 2-21 展示了计算机仿真的主要过程。本节主要介绍如何使用计算机求解建立的数学模型，即数值计算，如图 2-22 所示。

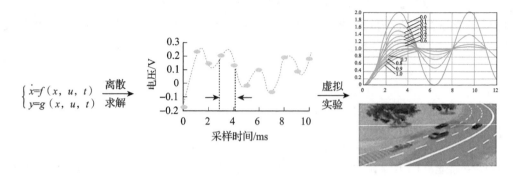

图 2-21　计算机数值仿真

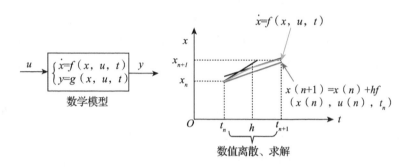

图 2-22　计算机数值离散与求解

以车辆动力学为例，根据建模的不同思路和方法，其对应的数学模型可以不同甚至可能大为不同。以汽车电子控制系统或智能驾驶应用而言，车辆动力学主要关注系统的动态特性，包括操纵稳定性、动力性与制动性、舒适性等，因此其模型大多基于系统的建模思路，其表达方式取决于对约束的处理，大多为常微分方程（Ordinary Differential Equation，简称 ODE）或耦合代数方程的微分代数方程（Differential Algebraic Equation，简称 DAE），这一类问题数学上一般称之为初始值问题（Initial Value Problem，简称 IVP）。

对于初始值问题的求解一般是从初始时间开始，基于给定的状态初始值，以一定的数值步长对数学模型进行数值离散、求解迭代。如何针对不同形式的数学模型选取恰当的求解方法，如何设置合适的数值求解步长等，关乎系统数值计算的稳定性、计算精度和计算效率。

2.4.1　数值求解方法

常用的数值求解方法一般可分为单步法和多步法，定步长法和变步长法，显式法和隐式法等。单步法，顾名思义是只使用前一步的计算结果用于当前状态的计算；多步法，则是需要使用前面多步计算的结果。为提高数值计算精度，单步法通常需要比多步法更频繁地求解方程，所以单步法在每个步长的计算会比多步法更多，但是多步法则需要在初始化过程进行一定量的计算，这些计算在每次系统的连续状态发生中断的时候也都要进行。显式方法是在当前时刻对下一时刻进行求解 $X(t + \Delta t) = F(X(t))$，隐式方法是对同时包含当前时刻和下一时刻的方程进行求解 $G(X(t), \ X(t + \Delta t)) = 0$。

下面列举一些常用的数值求解方法。

(1) Euler 法

Euler 法属于显式单步法，也是一阶求解法，可用于求解初始值问题，速度虽快但精度较低。对于下面的数学方程：

$$\frac{\mathrm{d}x}{\mathrm{d}t} = f(x, \ t) \tag{2-19}$$

其初始条件 $y(t_0 = y_0)$，Euler 法用在 t_k 点的切线近似表达在该点附近的曲线 $f(t, \ y)$，得到：

$$y(t_{k+1}) \approx y_{k+1} = y_k + f(t_k, \ y_k)(t_{k+1} - t_k) \tag{2-20}$$

式中，$y(t_{k+1})$ 是曲线上的点；y_k 是切线上的点；第 k 步的步长为 $h_k \triangleq (t_{k+1} - t_k)$。

以 Euler 法为例对其误差、收敛性和稳定性进行分析可知：①Euler 法的整体截断误差与步长 h 同阶；②Euler 法是收敛的、稳定的。

(2) Heun 法

二阶显性求解法，也称为二阶 Runge – Kutta 法，是 Euler 法的改进方法，其二阶形式为

$$y(t_{k+1}) \approx y_{k+1} = y_k + \frac{h}{2}(k_1 + k_2) \tag{2-21}$$

$$k_1 = f(t_k, \ y_k) \tag{2-22}$$

$$k_2 = f(t_k + h, \ y_k + k_1 h) \tag{2-23}$$

其迭代公式由泰勒展开并保留 h^2 项，Heun 法的整体截断误差与步长 h^2 同阶；Heun 法是收敛的、稳定的。

(3) 四阶 Runge – Kutta 法

四阶 Runge – Kutta 法是 Euler 法的高阶形式，一阶 Runge – Kutta 就是 Euler 法。四阶 Runge – Kutta 法在精度和复杂度方面都有较好表现，其四阶形式：

$$y(t_{k+1}) \approx y_{k+1} = y_k + \frac{h}{6}(k_1 + 2k_2 + 2k_3 + k_4) \tag{2-24}$$

$$k_1 = f(t_k, \ y_k) \tag{2-25}$$

$$k_2 = f(t_k + h/2, \ y_k + k_1 h/2) \tag{2-26}$$

$$k_3 = f(t_k + h/2, \ y_k + k_2 h/2) \tag{2-27}$$

$$k_4 = f(t_k + h, \ y_k + k_3 h) \tag{2-28}$$

Runge – Kutta 法也是单步法，但是其有显示法和隐式法，使用中选择求解方法的时候要注意，其不对隐式法进行展开。

四阶 Runge – Kutta 法的整体截断误差与步长 h^4 同阶；四阶 Runge – Kutta 法是收敛的、稳定的。

(4) Adams 多步法

Euler 法使用了矩形面积公式做近似计算，但在曲线与矩形边之间存在较大误差，Adams 法利用梯形面积公式解决了上述问题，如下：

$$\int_{t_k}^{t_{k+1}} f(t,y)\mathrm{d}t \approx \frac{h}{2}[f(t_{k+1},y_{k+1}) + f(t_k,y_k)] = \frac{h}{2}(f_{k+1}+f_k) \qquad (2-29)$$

$$y_{k+1} = y_k + \frac{h}{2}(f_{k+1}+f_k) \qquad (2-30)$$

通常称之为二阶隐式 Adams 法，可使用迭代法求解，设初值 $y_{k+1}^{(0)}$，迭代公式如下：

$$y_{k+1}^{(n)} = y_k + \frac{h}{2}[f(t_{k+1}, y_{k+1}^{(n-1)}) + f(t_k, y_k)] \qquad (2-31)$$

也可设计显式的 Adams 法，公式如下：

$$y(t_{k+1}) \approx y_{k+1} = y_k + \frac{h}{2}[3f(t_k, y_k) - f(t_{k-1}, y_{k-1})] \qquad (2-32)$$

Adams 法的统一形式为

$$y_{k+1} = y_k + h[B_1 f_{k+1} + B_0 f_k + \cdots + B_{N-1} f_{k-N+1}] \qquad (2-33)$$

Adams 法属于多步法，但是不能自启动，隐式法需多次迭代求解，实际应用中，先用显式法计算初值，再用隐式法校正一次，称预报 – 校正法，与 R – K 法比较，同样阶次和精度下 Adams 法计算次数较少。各种经典求解方法的对比见表 2 – 1。

表 2 – 1　经典求解方法的对比

求解方法	Euler 法	Runge – Kutta 法	Adams 多步法
优点	计算简单	精度高	精度高
缺点	精度低	计算复杂	计算复杂

除上述介绍的几种经典方法外，还有 Bogacki – Shampine 法，即三阶显式求解法，属于 Runge – Kutta 法；Dormand – Prince 法也属于 Runge – Kutta 法，是五阶显式求解法，还有七阶的表现形式。

2.4.2　数值计算方法和步长

保证数值计算的收敛性和稳定性是数值计算结果有效的前提，而选择恰当的数值计算方法与计算步长是关键。

选择数值计算方法和步长一般需要考虑如下 3 个方面：

1）计算精度：包括影响截断误差的数值计算方法、阶次、步长和影响舍入误差的字节数、初始误差等。多步法的精度一般比单步法高，隐式法精度比显式法高。然而，隐式法往往需要反复数值迭代，计算效率往往不高。

2）计算速度：一般低阶、单步长、显式法的计算速度较高阶、多步长、隐式法高。

3）数值稳定性：是数值计算的前提。一般隐式法的稳定性比显式法好。此外，稳定性要求往往也会约束计算步长的选择。

数值计算步长往往还需要考虑以下因素：

1）步长选择主要取决于数值计算的收敛性和稳定性要求、计算精度与效率要求、实时性要求等。

2）步长选择也受数学方程代表的物理系统的频率特性和刚性等因素影响。因为系统刚性，为满足数值计算的稳定性，其计算步长往往很小，从而影响计算效率，特别是对实时性有高的计算要求。

3）步长大，计算速度快、精度降低；步长小，精度高，但需注意舍入误差的累积；变步长或分段变步长往往能够有效地平衡计算精度与效率的矛盾，但不适合实时仿真计算。

2.5　实时模拟仿真技术

实时仿真是指系统按照真实时钟的时间进行的仿真，即仿真时间与真实物理时间同步一致。当一个模拟仿真系统中包含有真实物理系统或真实物理信号输入时，这个系统一般需要使用真实时钟、固定步长同步协调系统的仿真，即实时仿真系统。以汽车电子控制系统的模拟仿真为例，实时仿真常用于包括软硬件在环仿真、驾驶模拟器支持的人在回路仿真等。常见的实时仿真系统中一般包括实时车辆动力学模型、包含真实控制器软硬件的电子控制单元（ECU）、模/数与数/模转换，包括汽车制动系统、转向系统、动力及传动系统等在内的硬件系统等，以及驾驶员及其转向盘和加速踏板操作等。

支持实时仿真系统的操纵系统一般都是实时操纵系统，以确保在给定步长时间内完成特定的仿真功能。实时操纵系统一般包括高精度的计时系统、多级中断机制、实时调度机制等。常见的实时操作系统有 VxWorks、RT - Thread、uCOS、QNX 等。

实时车辆动力学模型是实时仿真的核心，即在实时操纵系统下按照真实时钟的时间、固定步长运行。图 2 - 23 所示是一个典型的包含汽车制动系统、转向系统、电驱动系统、发动机及其传动系统，以及驾驶模拟器等在内的多物理体在环实时仿真系统。

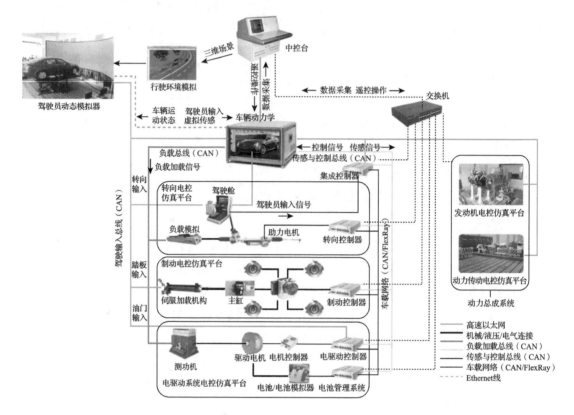

图 2-23　实时仿真系统

第3章
车辆动力学建模

车辆动力学是研究给定道路路面下车辆对驾驶员或控制器输入动态响应的学科，是动力学的分支，其研究内容包括车辆的操纵稳定性和行驶平顺性等。车辆动力学建模（Vehicle Dynamics Modelling）则是基于经典力学建立车辆在驾驶员或控制输入下车辆受力与运动关系的数学模型。影响车辆动力学的组成因素很多，包括车体（簧上质量）、悬架（弹簧与阻尼器）和轮胎（簧下质量），以及转向、动力及传动、制动等系统。此外，轮胎与路面间的接触或受力耦合关系、空气动力学等也是影响车辆动力学的重要因素。

车辆动力学可以有不同的建模方法，包括建立集中参数式模型（Lumped Parameter Model）、动力子结构模型（Dynamical Substructure Model）、多刚体系统动力学模型（Multi-body System Dynamics Model），或有限元模型（Finite Element Model）等；取决于应用需求的不同，车辆动力学模型可以是相对简单的低阶线性模型，也可以是比较复杂的高阶非线性模型。

车辆动力学建模是汽车电子控制和智能驾驶等领域技术与产品研发和测试的重要基础。根据应用需求的不同，车辆动力学有着不同的建模考虑：①面向控制系统设计的车辆动力学模型，以支持基于模型的控制方法；通常要求模型线性、低阶且实时性好，以支持对模型的在线分析和数值求解。②面向车辆仿真分析与测试的车辆动力学模型，以支持仿真测试；通常要求模型具有较高的精度、仿真具有较高的置信度，以逼真地反映车辆的受力与运动之间的关系。这类模型一般都是由多自由度组成的高阶非线性模型。车辆动力学建模往往都是在模型的精度和数值求解的效率间取得平衡。

车辆动力学模型还可以基于车辆系统的机械结构或系统特性等不同角度建立，这不仅取决于模型参数的来源和实时性要求，更取决于建模的目的，其结果在模型精度，特别是仿真实时性上有明显的不同，如图3-1所示。

1）基于系统结构的车辆动力学建模一般源于车辆的结构和零部件设计，即根据车辆的组成件及其几何和动力学参数、彼此的受力与运动关系等建立车辆子系统和系统动力学模型；其优势在于与车辆的结构设计一体化，使得车辆动力学参数易于获取，而动力学仿真也为结构设计和性能优化提供依据。虽然这类模型能够获得较为精确的结构件模型参数，但系统包括间隙、摩擦等许多非设计参数并不容易获取，从而影响仿真精度；此外，由于刚体数量多导致模型复杂程度大幅增加、有些结构件质量小引起仿真刚性问题等，从而严重影响仿真效率，实时性要求也难以达到。

2）基于系统特性的车辆动力学建模则是从系统整体性考虑，建立影响车辆动力学性能的可测量参数，包括簧上和簧下质量、转动惯量、悬架 KC 特性等，从而建立反映车辆高阶、非线性动力学特性的系统模型。除了建模方法外，模型精度主要取决于测量参数的准确性，但因为忽略了车辆的具体结构，使得模型大幅度精简，从而大幅度提高其仿真效率和实时性，也是目前汽车电子控制与智能驾驶系统普遍采用的建模方法。

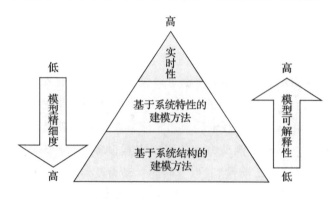

图 3-1　车辆动力学建模方法

基于系统结构的车辆动力学建模方法适用于汽车的结构设计，而基于系统特性的车辆动力学建模方法则以其高精度和实时性的优势更适合于汽车的控制设计。

3.1　车辆动力学概述

车辆坐标系下车体的 6 个自由度分别为 3 个平动和 3 个转动，包括纵向、侧向和垂向运动，以及横摆、俯仰和侧倾运动。车辆的受力情况如图 3-2 所示。

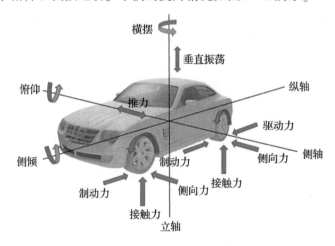

图 3-2　车辆模型的受力情况

1）X 轴上的力包括驱动力和制动力、滚动阻力和拖拽阻力，汽车绕纵轴作滚摆运动。

2）Y 轴上的力包括转向力、离心力和侧向力，汽车绕横轴作俯仰运动。

3）Z 轴上的力包括车辆垂向振荡施加的力和接触力，汽车绕立轴作横摆或转向运动。

4）纵向动力学主要研究由车辆发动机或驱动电机、动力传动系统、制动系统等引起的车辆在纵向的受力与运动关系，包括车辆的动力性和制动性等。

5）垂向动力学主要研究由车辆悬架和轮胎垂向力引起的车身跳动和俯仰运动、路面不平激励对车辆行驶平顺性能的影响等。

6）侧向动力学主要研究由转向和制动系统带来的轮胎侧向力变化引起的车辆侧滑、横摆和侧倾等运动，以及对车辆操纵稳定性的影响。

车辆动力学建模所遵循的最基本物理定律是牛顿第二定律和达朗贝尔原理。根据它们可以构建一组反映车辆受力与运动关系的微分方程，并据此研究车辆的动力学特性和动态响应。

本章主要介绍使用基于车辆系统特性的建模方法建立车辆动力学模型，其基本思路是简化车辆的结构和零部件，以等效质点或刚体的受力和运动特性替代车辆成千上万个零部件，通过测量获取模型的几何和动力学参数，以反映整车运动特性为目标简化系统结构和模型，以提高模型的仿真效率。车辆悬架系统是一个典型模型，其结构及彼此间的连接往往十分复杂，基于系统特性的建模方法则是通过忽略悬架的具体结构形式，采用侧倾或力矩中心的系统建模思路，以等效悬架受力与运动关系简化悬架模型，以提高系统仿真的实时性。悬架模型参数例如 KC 特性曲线的获取主要基于测量，以保证基于系统特性建模方法的精度。

车辆动力学建模一直伴随着模型精度与仿真效率的矛盾。随着计算机技术的不断发展，使得在实时仿真环境下建立复杂的高阶、非线性车辆动力学模型成为可能。根据建模方法的不同，车辆动力学模型的数学表达可以是常微分方程，也可以是代数微分方程；前者建模过程中需要消除代数约束，但便于数值求解，常用的数值求解法有龙格库塔法（Runge – Kutta Method）、欧拉法（Euler Method）；后者便于通过分离体建模，但数值求解因为涉及代数方程的耦合，往往需要通过迭代求解，例如 BDF 法（Backward Differentiation Formula）等。

3.2　车辆系统建模方法

近年来，随着汽车电子控制与智能驾驶技术及产品的广泛应用，车辆动力学建模研究面临新的需求。不同于传统车辆动力学模拟仿真，其主要关注点是车辆的动力学特性，特别是极限工况下的操纵稳定性等，智能汽车的主要应用在于智能驾驶与轨迹跟随控制，包括避撞、换道、巡航等。图 3 – 3 所示是反映车辆动力学模型中车身的平移和旋转运动、悬架运动、转向与制动特性、动力及其传动，以及空气动力学影响等诸多功能模块及其相互作用关系的框图。

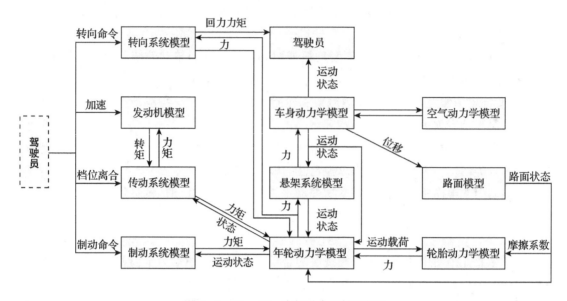

图 3-3　PanoSim 车辆动力学模型架构

3.2.1　车辆动力学建模

汽车电子控制系统的主要功能就是通过控制汽车的加速踏板、转向角、档位、离合器踏板和制动踏板等控制汽车的侧向和纵向运动，使其沿着预定轨迹运动。车辆动力学7 自由度模型是一种典型模型，假定车身为刚体，忽略车辆的垂向运动，仅考虑车辆的纵向、侧向和横摆三个自由度，以及 4 个车轮的 4 个旋转自由度，其受力情况如图 3-4 所示。

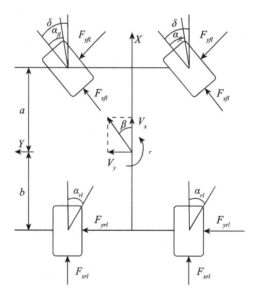

图 3-4　7 自由度车辆动力学模型

纵向力平衡方程：

$$m(\dot{v}_x - rv_y) = (F_{xfl} + F_{xfr})\cos\delta - (F_{yfl} + F_{yfr})\sin\delta + F_{xrl} + F_{xrr} \tag{3-1}$$

侧向力平衡方程：

$$m(\dot{v}_y + rv_x) = (F_{xfl} + F_{xfr})\sin\delta + (F_{yfl} + F_{yfr})\cos\delta + F_{yrl} + F_{yrr} \tag{3-2}$$

绕 Z 轴力矩平衡方程：

$$I_z\dot{r} = \left[(F_{xfl} + F_{xfr})\sin\delta + (F_{yfl} + F_{yfr})\cos\delta\right]a + \left[(F_{xfr} - F_{xfl})\cos\delta + (F_{yfl} - F_{yfr})\sin\delta\right]\frac{t_{w1}}{2}$$

$$+ (F_{xrr} - F_{xrl})\frac{t_{w2}}{2} - (F_{yrl} + F_{yrr})b \tag{3-3}$$

式中，δ 是前轮转角；v_x、v_y 分别是纵向、横向车速；m 是整车质量；a、b 是前后轴到质心的距离；$l = a + b$ 是前后轴距；t_{w1} 是前轴轮距；t_{w2} 是后轴轮距；I_z 是整车绕 Z 轴的转动惯量。

各轮胎的垂向载荷分别为

$$F_{z\_fl} = mg\frac{b}{2l} - m\dot{v}_x\frac{h_g}{2l} - m\dot{v}_y\frac{h_g}{t_{w1}}\frac{b}{l}$$

$$F_{z\_fr} = mg\frac{b}{2l} - m\dot{v}_x\frac{h_g}{2l} + m\dot{v}_y\frac{h_g}{t_{w1}}\frac{b}{l}$$

$$F_{z\_rl} = mg\frac{a}{2l} + m\dot{v}_x\frac{h_g}{2l} - m\dot{v}_y\frac{h_g}{t_{w1}}\frac{a}{l} \tag{3-4}$$

$$F_{z\_rr} = mg\frac{a}{2l} + m\dot{v}_x\frac{h_g}{2l} + m\dot{v}_y\frac{h_g}{t_{w1}}\frac{a}{l}$$

各轮胎侧偏角分别为

$$\alpha_{fl} = \delta - \arctan\left(\frac{v_y + ar}{v_x - \dfrac{t_{w1}}{2}r}\right)$$

$$\alpha_{fr} = \delta - \arctan\left(\frac{v_y + ar}{v_x + \dfrac{t_{w1}}{2}r}\right)$$

$$\tag{3-5}$$

$$\alpha_{rl} = -\arctan\left(\frac{v_y - br}{v_x - \dfrac{t_{w2}}{2}r}\right)$$

$$\alpha_{rr} = -\arctan\left(\frac{v_y - br}{v_x + \dfrac{t_{w2}}{2}r}\right)$$

各车轮轮心在车轮坐标系下的纵向速度分别为

$$v_{t\_fl} = \left(v_x - \frac{t_{w1}}{2}r\right)\cos\delta + (v_y + ar)\sin\delta$$

$$v_{t\_fr} = \left(v_x + \frac{t_{w1}}{2}r\right)\cos\delta + (v_y + ar)\sin\delta$$

$$v_{t\_rl} = v_x - \frac{t_{w2}}{2}r \tag{3-6}$$

$$v_{t\_rr} = v_x + \frac{t_{w2}}{2}r$$

式中，v_{t_fl}、v_{t_fr}、v_{t_rl}、v_{t_rr} 分别是轮胎坐标系下的轮胎纵向速度。

各车轮滑移率的计算公式如下：

$$\lambda_{fl} = \frac{w_{fl}R - v_{t\_fl}}{v_{t\_fl}}$$

$$\lambda_{fr} = \frac{w_{fr}R - v_{t\_fr}}{v_{t\_fr}}$$

$$\lambda_{rl} = \frac{w_{rl}R - v_{t\_rl}}{v_{t\_rl}} \tag{3-7}$$

$$\lambda_{rr} = \frac{w_{rr}R - v_{t\_rr}}{v_{t\_rr}}$$

3.2.2 悬架系统建模

汽车悬架通常有两种建模方法——基于侧倾或力矩中心的建模方法和基于多体动力学的建模方法。前者将悬架简化为弹簧－阻尼系统，建立的悬架模型具有较高的仿真实时性，但模型参数的获取往往需要较为昂贵的测量设备和大量的测量工作；后者建立的是面向结构的汽车悬架模型，即将悬架各杆件视为刚体，并建立其多刚体动力学方程。由于悬架的杆件质量和转动惯量一般均较小，由此产生的数值刚性问题使得微分方程的求解效率大幅下降，仿真实时性不易保证，因此一般在汽车电子控制或智能驾驶仿真系统中很少采用。

图 3-5 所示是麦弗逊式悬架示意图，由于其下控制臂和减振器的上活塞相对车体来说质量较小，可将其考虑为无质量杆。转向节与车轮除车轮自转外其余 5 个自由度的运动状态完全相同，将它们组合在一起考虑为轮轴子系统。轮轴子系统通过悬架与车体连接，相对于车体具有 2 个转动自由度。此外，汽车的操纵稳定性受前悬架下摆臂橡胶衬套的纵向和横向弹性特性的影响较大，将下摆臂与车体的约束在这两个方向释放开，使得单个悬架系统具有了 2 个移动自由度。

图 3-6 所示是扭转梁式半独立悬架示意图，将其由后横梁中心处断开可简化为旋转铰轮轴系统，相对于车体只有 1 个旋转自由度。

此处选取悬架 KC 修正量时，自变量选取悬架跳动量、侧向力、纵向力和回正力矩，因变量则以前束角（转向角）和外倾角为主，在悬架运动学中还考虑轮心侧向及纵向位移、车轮后倾角，悬架模型关注的指标见表 3-1~表 3-4。

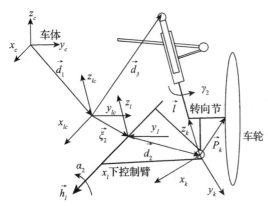

图 3-5 麦弗逊式悬架示意图　　　　图 3-6 扭转梁式半独立悬架示意图

表 3-1 垂直轮跳试验修正量

序号	指标	单位
1	转向角随轮跳的变化特征	°/mm
2	车轮外倾角随轮跳的变化特征	°/mm
3	主销后倾角随轮跳的变化特征	°/mm
4	轮距随轮跳的变化特征	mm/mm
5	轴距随轮跳的变化特征	mm/mm

表 3-2 侧向力试验修正量

序号	指标	单位
1	转向角随侧向力的变化特征	°/ N
2	车轮外倾角随侧向力变化特征	°/ N
3	轮距随侧向力变化特征	mm/N
4	轴距随侧向力变化特征	mm/N

表 3-3 纵向力试验修正量

序号	指标	单位
1	前束角随纵向力变化特征	°/ N
2	车轮外倾角随纵向力变化特征	°/ N
3	主销后倾角随纵向力变化特征	°/ N
4	轮距随纵向力变化特征	mm/N
5	轴距随纵向力变化特征	mm/N

表 3-4 回正力矩试验修正量

序号	指标	单位
1	转向角随回正力矩的变化特征	°/ (N·m)
2	车轮外倾角随回正力矩变化特征	°/ (N·m)

3.2.3　转向系统建模

转向系统模型根据常见的齿轮齿条式转向系统建立。齿轮齿条式转向系统结构简图如图 3-7 所示，由转向盘、转向柱、中间轴、小齿轮输入轴、小齿轮、齿条、转向横拉杆、转向节、车轮等部件组成。转向盘连接到转向柱上。转向柱通过万向节将转向盘转动传递到中间轴，而万向节又使得转向柱轴线和中间轴轴线之间存在夹角，使得转向柱的转动角与中间轴转动角之间存在非线性关系。中间轴的运动通过等速铰传递给小齿轮输入轴。小齿轮与齿条啮合，将输入轴的转动转换为齿条的往复直线运动。齿条与转向节之间通过转向横拉杆连接，齿条、转向横拉杆和转向节组成一个四连杆机构，将齿条的往复直线运动转化为转向节和车轮组成的轮轴系统绕主销的转动。

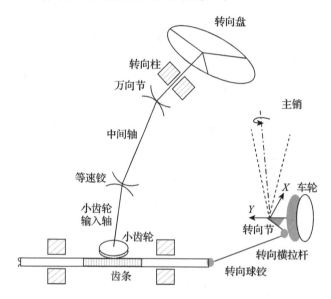

图 3-7　齿轮齿条式转向系统结构简图

本章建立的齿轮齿条式转向系统模型具有 3 个自由度，分别是齿条相对车体的移动自由度、左轮轴系统绕其对应主销的旋转自由度和右轮轴系统绕其对应主销的旋转自由度。

3.2.4　空气动力特性

汽车高速行驶时，空气动力学对汽车行驶稳定性、燃油经济性等都有很大的影响。一方面，空气动力中存在向后的空气阻力、向上的升力和侧向力三个分力；另一方面，空气动力中存在由三个分力作用点与质心位置关系产生的绕质心的三个力矩。这三个力与三个力矩一起被称为空气动力的六分力。空气动力的六分力大小与车身前面的投影面积、车速和大气速度的相对速度的二次方成正比，所以将六分力用前面投影面积、速度的二次方等进行无因次化所得到的参数即为空气动力系数，其中空气阻力与动力性能、燃油经济性有关，其他五个分力则主要与操纵稳定性有关。

图 3-8 所示为风洞试验中测量空气动力和力矩的参考坐标系，原点 O 位于汽车纵向平面与地面交线的汽车两轴中心处。

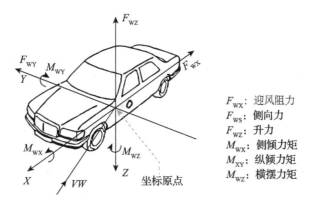

F_{wx}：迎风阻力
F_{ws}：侧向力
F_{wz}：升力
M_{wx}：侧倾力矩
M_{XY}：纵倾力矩
M_{wz}：横摆力矩

图 3-8　空气动力特性

3.2.5　动力传动系统建模

汽车动力传动系统是汽车发动机与驱动轮之间的动力传递装置，其功能是保证汽车在各种行驶工况下的牵引力和车速，使汽车具有良好的动力性和燃油经济性，保证汽车倒车，左、右驱动轮差速，以及动力传递过程的平稳性等。汽车动力传动系统包括离合器、变速器、传动轴、主减速器、差速器及半轴等。

汽车动力传动系统建模如图 3-9 所示，涉及两个关键问题：

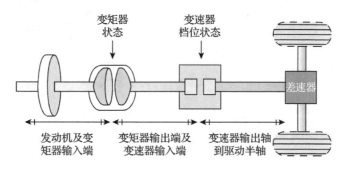

图 3-9　汽车动力传动系统建模示意图

1）由于离合器位置和变速器档位的可切换性，产生了多种工况的组合。如将离合器和变速器状态定义为相，具备六个相的特点。

2）离合器滑磨结合过程机理复杂，本章采用基于总成特性的方法，通过简化离合器滑磨结合过程简化其模型，使动力学模型能够较为准确地描述换档冲击及档位变换过程。

3.2.6　发动机建模

汽车发动机因为涉及燃烧、排放等许多过程，往往使得基于机理的建模方法十分复杂。本章拟建立反映发动机外特性的数据驱动建模方法，根据节气门开度和发动机转速的不同，通过实验测量建立对应工况下的转矩关系，即发动机的转矩 Map 图；考虑汽车行驶过程中节气门的突然变化引起的发动机转矩动态响应，在该稳态模型基础上再增加一阶动态响应环节，以反映其输出转矩的动态特性，如图 3 - 10 所示。

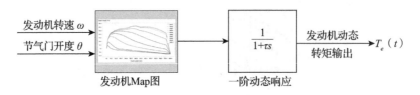

图 3 - 10   发动机外特性模型

发动机运行过程中的反拖力矩和各种附件损失也是建模所应考虑的因素，包括风扇、空调和起动机的功率损耗等。对于数据驱动模型，合适地选择多项式拟合和插值方法对模型的精度也有较大的影响。

与数据拟合方法相比，线性插值方法能更好地反映数据点的变化，如图 3 - 11 所示。在发动机原始数据突变处，如节气门开度为 0% 处，其差值的峰值高达 $18N \cdot m$，而在常用节气门开度（约 25% ~ 80%），拟合方法和线性插值方法差值可高达 $10N \cdot m$。因此线性插值方法比多项式拟合方法导致的模型精度更高，对于研究汽车动力性以及换档冲击等非常关键。

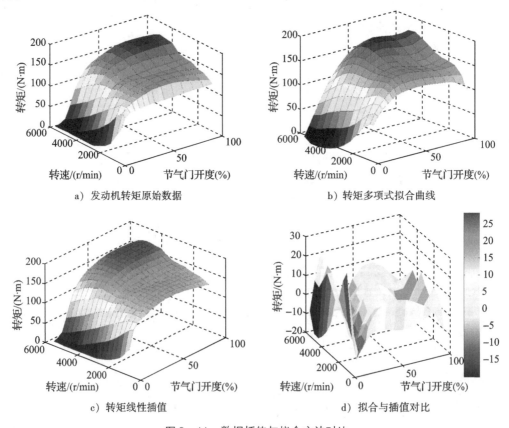

a）发动机转矩原始数据　　　　　　　　　b）转矩多项式拟合曲线

c）转矩线性插值　　　　　　　　　d）拟合与插值对比

图 3 - 11   数据插值与拟合方法对比

3.2.7 制动系统建模

制动系统是整车系统重要的底盘部件，也是影响汽车安全行驶和操纵稳定性的重要组成部分。因此建立精确反映汽车制动系统的模型对于开展车辆动力学和智能驾驶的仿真研究十分重要。制动系统建模一般包括从制动踏板力、管路压力到车轮制动力矩几个环节。

(1) 制动踏板力—制动管路压力模型

反映制动踏板力到制动管路压力之间的关系，既可通过描述此过程的具体机械液压机构建模，包括制动踏板机构模型、真空助力器模型和制动管路模型，也可通过实验辨识建立相关传递函数。前者不仅需要建立气体动力学方程和液压管路的流体力学方程，而且需要获取详细的机械液压机构参数，模型精细度高，但实时性较差；后者可通过实验和模型辨识方法建立两者的传递函数，并通过测量获取模型参数，模型相对简单、实时性好。

(2) 制动管路压力—车轮制动力矩模型

汽车车轮的制动力矩源于制动管路（轮缸）对制动盘施加的夹紧力。这是一个典型的由接触表面摩擦引起的汽车动能向热能的转化和损耗过程，涉及制动系统的制动盘和制动钳等结构。因此，制动盘与制动钳的材料与表面摩擦特性、温度对摩擦的影响特性等是建立制动管路压力—车轮制动力矩模型的关键。

制动盘与制动钳可以相对静止，此时两者处于静摩擦状态，制动系统处于运动静止状态。当制动盘与制动钳产生相对运动时，此时两者处于动摩擦状态，制动系统处于运动状态，车轮上的制动力矩可以简单地视为制动钳夹紧力×制动盘摩擦系数×有效制动摩擦半径，而制动钳夹紧力=轮缸活塞面积×制动轮缸压力。

(3) 车轮旋转动力学方程

车轮可以是主动（驱动）轮或被动（从动）轮，其旋转动力学是反映车轮驱动与制动受力及动态响应的单自由度刚体动力学，其受力情况如图3-12所示。

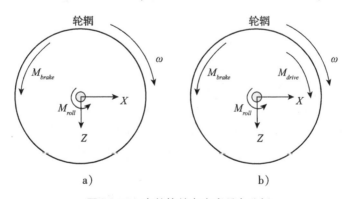

图3-12 车轮旋转自由度受力分析

a) 从动轮受力情况 b) 驱动轮受力情况

3.2.8 轮胎建模

除了空气动力的影响外，汽车运动所受外力还来自轮胎与道路路面间的接触，因此轮胎力学特性是影响车辆动力学特性最为重要的因素之一。轮胎通过与道路路面的接触，产生回正力矩、滚动阻力矩、翻转力矩、侧向附着力、垂向附着力和纵向附着力等，是影响车辆操纵稳定性、平顺性、动力与制动特性最为重要的因素之一。因为轮胎结构、材料和与地面接触的复杂性，使得轮胎建模也是车辆动力学建模最为复杂的环节之一，能否准确地建立反映轮胎与道路路面接触受力关系的模型，是决定车辆动力学模型置信度最为关键的因素之一。常见的轮胎模型包括魔术公式、SWIFT 轮胎模型等。

(1) 轮胎坐标系

轮胎与路面的接触区域通常称为轮胎的接地印迹。在此区域内，轮胎与地面相互作用产生使车辆运动的力，该力往往呈分布状态。通过使轮胎分布力向接地印迹中心的集中简化，可形成轮胎的空间力系，即轮胎六分力。

轮胎坐标系如图 3-13 所示，轮胎接地印迹中心为坐标系的原点，x 轴为车轮平面与地面的交线，以轮胎滚动方向为正；z 轴为地面法向量，向上为正；y 轴通过接地印迹中心并垂直 x、z 轴平面，方向由右手定则确定。

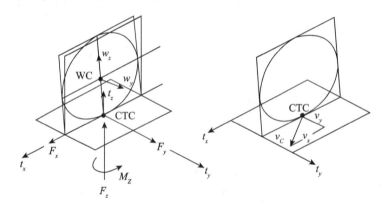

图 3-13　轮胎坐标系

(2) 动态滞后

轮胎纵向力随其纵向滑移率的产生而产生，轮胎侧向力随其侧向滑移率的产生而产生；考虑轮胎的弹性变形影响，轮胎纵向力和侧向力均会产生一定程度相对于纵向滑移率和侧向滑移率的滞后。图 3-14 所示是一个相对于阶跃侧向滑移率的滞后效应示意图。

轮胎的动态滞后可以通过建立反映轮胎动态弹性特性的动力学轮胎模型，也可以在稳态轮胎模型的基础上叠加动态滞后

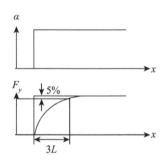

图 3-14　滞后效应

效应,形成等效的动态轮胎模型。前者虽然反映轮胎动态响应的物理机理,但建模和获取模型参数困难;而后者虽然有机理上的缺失,但其动态滞后效应可经测量获得,模型精度和实时性能够保证;此外,采用等效动态滞后效应,使得常见的稳态轮胎模型可以适用,也简化了轮胎模型对所使用运动学变量的计算。

轮胎的等效动态滞后效应也可采用等效松弛长度的方式表达,并考虑引入速度影响的松弛长度。为保证高速情况下数值计算的稳定性,当时间常量接近数值积分的时间步长时,可使用即时变量代替延时滑移的数值。

3.3 PanoSim 的车辆动力学建模

车辆动力学模型是 PanoSim 的重要组成部分。PanoSim 通过建立包括车身动力学、车轮动力学、悬架系统、空气动力学、轮胎动力学,以及转向系统、动力及传动系统、制动系统等,较为逼真地反映了汽车行驶过程中车辆的受力与运动变化。

为支持便捷的车辆动力学建模,PanoSim 还包含了对应于不同子系统的图形化操作界面、自定义车辆外形文件导入、二次开发接口,以及与 CarSim 的无缝连接、与模型参数的完全兼容。

通过与实验测试数据和 CarSim 仿真的对比可以看出,PanoSim 车辆动力学模型表现出了较高的仿真精度和较好的仿真实时性,支持不同平台下长时间稳定可靠的实时与非实时仿真,包括 Windows 和 Simulink 非实时运行环境,dSPACE、NI 等实时平台的实时运行。

图 3-15 ~ 图 3-19 绘制的是一组 PanoSim 与 CarSim 在高速行驶下的对比仿真实验结果曲线,其中车速为 150km/h,六档自动变速器,选择的仿真步长为 0.001s,仿真工况为加速和双移线两种工况。仿真结果表明 PanoSim 与 CarSim 高度一致。

(1) 加速工况

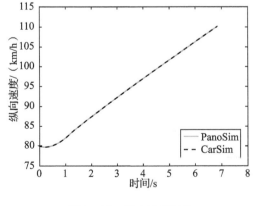

图 3-15 纵向速度对比

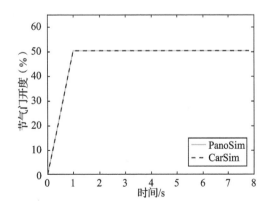

图 3-16 节气门开度对比

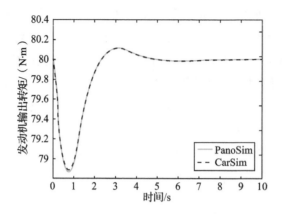

图 3-17　发动机输出转矩对比

(2) 双移线工况

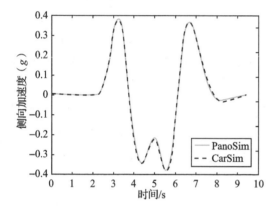

图 3-18　侧向加速度对比

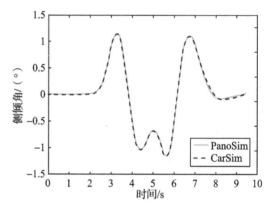

图 3-19　侧倾角对比

第4章
数字虚拟场景构建

随着汽车智能化和共享化程度的不断提高，智能驾驶汽车通过环境感知与周边行驶环境的交互不断增多，汽车与环境的沟通不再仅限于与轮胎接触的路面、空气阻力或阵风干扰等，而且涵盖了道路路标识别、周边运动的车辆和行人目标跟踪，甚至轨迹规划等，人在驾驶链中的作用被逐步削弱甚至被替代，因此精准、快速且可靠的环境感知、基于环境感知的决策与规划等成为智能驾驶系统中最为重要的功能之一。汽车智能驾驶技术的发展使得行驶环境与汽车密切相关，环境已成为智能驾驶不可分割的重要组成部分。

汽车需应对的行驶环境越来越复杂，包括行驶道路、周边交通和气象条件等诸多因素，尤其是周边交通，具有高度的不确定、不可重复、不可预测和不可穷尽等特征。这些特征使得有限的场地和道路测试远远无法复制、重现或穷举行驶环境对智能驾驶系统的影响。限于研发周期和成本，特别出于安全因素的考虑，现有的封闭场地测试和开放道路测试不仅周期长、成本高，无法满足对系统数十亿千米行程的可靠性测试要求；同时汽车行驶安全涉及的极限行驶工况、危险行驶工况等道路测试不仅难以复制，而且测试安全性也无法保障。此外，我国地域辽阔、人口众多，驾驶行为和交通状况与欧美等国相比也有其鲜明的特点和差异性。传统的开放道路测试试验或基于封闭试验场的测试显然难以满足智能驾驶系统的可靠性和鲁棒性的测试要求。因此，基于模拟仿真技术的虚拟仿真测试是智能驾驶测试验证新的重要手段，是汽车智能驾驶技术与产品研发的前端关键技术，是体现技术与产品核心竞争力的决定性因素。

数字虚拟场景仿真平台可采用精确物理建模和高效数值仿真兼顾的原则，针对场景的多种属性，能够综合运用场景几何映射、物理映射、像素映射和概率映射等多种描述方式，利用先进的虚拟现实技术，逼真地模拟及构建汽车驾驶的各种环境和测试场景（图4-1）。本章主要介绍了数字虚拟场景构建，包括场景内涵与架构、道路与场地构建、交通及环境建模、天气与光照模拟等理论和方法。

汽车电控与ADAS　　车辆及动力学模型　　模拟交通参与物
（ABS/ESP/ACC/AEB/APA/LKA等）　　　　　　　　（车辆、行人、障碍物等）

道路模型　　　　汽车智能驾驶仿真测试
　　　　　　　　数字虚拟场景

高速自动驾驶

模拟环境传感　　　　交通流　　　　　虚拟行驶环境
（雷达、像机、GPS、无线通信等）　　　　　　（道路、交通、环境、天气等）

图4-1　数字虚拟场景构建

4.1　场景内涵与架构

4.1.1　场景基本概念

汽车行驶环境十分复杂，包括道路、交通、天气和光照等复杂成分，广泛地涉及物理世界声、光、电、热等物理现象，以及包括温度、湿度、气压、雨、雪、雾等在内的大气现象。行驶环境是影响汽车行驶安全和性能、车载环境传感器对环境检测和感知的关键因素。环境模拟不仅涉及范围广，而且其对车载环境传感感知的影响机理也极其复杂，具有高度的随机特征和不确定性等。

汽车行驶环境无限丰富、极其复杂、不可穷举，测试场景则是对行驶环境的有限映射。测试场景从属性上可分为自然驾驶场景、标准规范场景、危险极限场景等不同类别；从组成上一般又包括道路及道路结构（路型、路面和路网等）、交通参与物（车辆、行人、自行车等）、行驶场合（高速公路、城市道路、乡村道路等）。危险极限场景有别于自然驾驶的正常性和典型性，是影响驾驶安全的重要因素，也是仿真测试的重要测试手段，体现了仿真场景在加速测试或压力测试方面的独特优势。

危险极限场景一般包括恶劣天气环境、复杂道路状况、无序交通条件、典型交通事故等，通常由不良天气与光照条件、复杂地理地形、交通混乱拥堵、路面缺陷或障碍物或驾驶员的不当操作等引起。

如图4-2所示，汽车行驶环境的模拟或数字虚拟场景构建，一方面可通过实车道路数据采集获取行驶环境的数字化离散采样，通过抽取真实路采数据，叠加包括随机移动、翻转、扭曲、遮挡等人为随机干预方法构建；另一方面，数字虚拟场景也可基于计算机图形学方法，从不同维度的映射构建而成，即根据环境传感器的感知特性从几何特征、物理特征、图像特征和概率特征等不同维度抽象构建场景，完成对行驶环境的抽象过程，包括道路模型或地图导入、场景渲染、交通建模、天气与光照建模等。数字虚拟场景不仅是构建类似真实环境影响被测车辆运动的道路、交通和气象因素，包括前后车的加速、急转弯、不当切入、急停等，也是车辆避障策略设计或智能驾驶模型训练的重要数据样本来源。

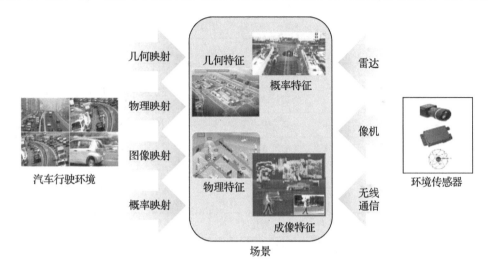

图 4-2　数字虚拟场景构建示意图

数字虚拟场景同其他测试场景一样，其质量决定仿真测试的效果，其适用性决定仿真测试的效率等。

数字虚拟场景的质量可从以下 4 个维度评价：

1）场景的逼真度或真实性。

2）场景的覆盖度或完整性。

3）场景的复杂度或无序性。

4）场景的危险度或边缘性。

场景的适用性主要指场景与被测对象或被测内容的关联度、针对性以及对不同被测对象或内容测试的泛化能力。

4.1.2　场景架构

场景架构指场景的组成及其彼此的关联。场景一般包括道路及道路结构、天气及光照条件，各类交通参与物及其形态、密度、行为等交通状况，构成了影响汽车行驶安全最为关键的因素。场景可进一步分为静态场景和动态场景两类（表 4-1），包含具有静态特征的道路场地、慢变动态特征的气象（天气、光照）和快变动态特征的交通流（例如交通车、行人和非机动车辆）。每一个要素包含了多种影响汽车智能驾驶系统感知和决策控制的特定属性信息，包括几何属性（例如大小、形状和位置等）、物理属性（例如速度、方向、反射率、物理形态、疏密度）和图像属性信息（例如表面不平度、纹理、材质等）。场景可以通过这种多层级的树形网络架构表达，体现了其信息无限丰富、特征复杂、物理过程不确定性的特点。

表 4-1　场景的组成及其属性

组成要素	子要素		场景要素属性
道路设施	路网拓扑		路网、路型、路面
	道路几何特征		曲率、路面斜率、坡度
	道路表面特质		粗糙度、材料及纹理
	车道线		数目、类别及属性
	交通标识		交通标志、交通标线
	交通灯牌		安装位置及形状、安装高度及方位、信号相位
	街边建筑		几何尺寸
	特殊部分		匝道、隧道
气象	光照		强度、色温、方位
	天气	雨/雪	雨速、雨量
		雾/霾	包络范围、粒径、密度
		风	风速、风向
交通	交通宏观特性		密度、流量、平均速度、人车分布
	交通车		交通车尺寸、运动特性
	行人		运动状态、习性、动作姿态

　　场景一般源自实车道路数据采集、封闭测试场、路侧设施数据、事故重构、驾驶模拟器，以及模拟构建等。由于道路采集数据，不论来自自然驾驶或实验车辆采集，只能反映某一特定时刻，在特定道路、特定交通条件和特定光照环境下，使用特定传感器采集的数据。一方面，这些数据与采集车辆的行驶轨迹或安装在该车上的车载传感器坐标系密切相关，使得数据的应用范围和效率大幅受限；另一方面，影响汽车智能驾驶的动态交通与气象因素无法改变，从而严重限制了其泛化能力。此外，道路路采数据一般反映的是汽车正常或典型的行驶场景，往往趋于安全保守，极难出现危险、极限的小概率驾驶场景。

　　数字虚拟场景一般可通过精确物理建模、高逼真图像渲染、高效数值仿真等方法构建，通过逼真地构建包括车辆、道路、天气和光照、交通等在内的人车环境模型，以及各类车载传感器模型，综合运用几何、物理、图像和概率等多种映射方式构建具有不同属性、满足不同应用需求的高逼真度数字虚拟场景及场景库。

　　数字虚拟场景不仅具有里程数和样本数量上的优势，而且有绝对的安全保障与效率优势，具有良好的场景重构性和泛化能力，支持自动化和标准化的场景生成、场景数据的自动标注、仿真测试与评价等，代表着未来汽车智能驾驶测试场景库的发展方向，如图 4-3 所示。

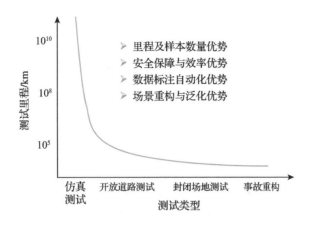

图 4-3　数字虚拟场景是汽车智能驾驶测试的关键

4.2　道路与场地构建

道路与场地模型是场景的静态要素，描述了道路的网络几何特征、车道隔离带与路肩、路面类型（表面物理属性与附着系数）、固定交通标志、曲率与坡度等多个属性，直接影响车辆行驶和车载传感器的检测，约束或规范交通车和行人的运动空间，决定了数字虚拟场景模型的逼真度与复杂多样性。因此，道路与场地构建是智能驾驶中数字虚拟场景构建的重要基础。

4.2.1　道路构建

道路属性按照智能驾驶对场景的需求可划分为道路几何、道路物理、道路结构三个主要属性（图 4-4）。

1）道路几何属性，反映包括长度、宽度、曲率、坡度等在内的几何特征。

2）道路物理属性，反映包括路面材质、纹理、类型以及相应的摩擦系数等在内的物理特征。

3）道路结构属性，反映包括路网、丁字路口、十字路口、交通标志、障碍物等在内的结构属性。

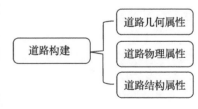

图 4-4　道路的属性

(1) 道路网络

道路网络描述了由节点、路段、节段和车道等关键部分组成的道路网络结构（图 4-5）。

1）节点：指路段的连接点，包含了始点、交叉口以及与其他路段的连接点。节点模型可分为交叉口节点和 OD 节点，节点可代表一个交叉口作为反映道路拓扑关系的基本要素，节点可代表一个车辆产生节点（OD 节点），车辆通过这些 OD 节点驶入或驶离路网。

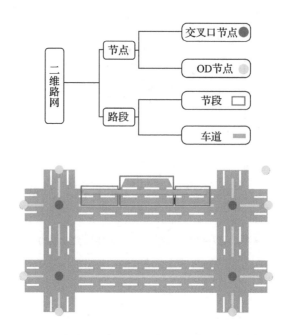

图4-5 二维路网结构示意图

2）路段：指的是交叉口节点间或起始节点间的部分，主要是为了标注道路类型。

3）节段：描述了具有同一几何属性的最小骨干单元，在显示的路网中是直接与车道相关的元素。

4）车道：微观道路仿真的最小几何单元，并隶属于节段。

道路路段由节段和车道两部分组成。一条路段范围内道路的线型、横断面会有多种不同的形式，因此通常将一条路段划分为若干条线型、横断面形式的节段。道路的线型、横断面、坡度等几何特征连续且均相同的路段可构成一个节段。车道是表述道路网的基本单元，其走向特征描述了车辆前进的方向，所以车道是仿真系统车辆运行的载体。车道通常由其所在节段的线型曲线、路面宽度来表示。车道属性包括类型、名称、功能等级、行车方向、车道数目等信息。

(2) 道路物理特征

道路网络所提供的信息还不足以满足智能驾驶模拟仿真的需求，对于如桥梁、隧道、高架路等并不在同一水平面上的元素缺失了空间信息，以路面坡度为例，直接影响了车辆加速度状态。此外，道路表面材质和纹理、道路摩擦特性、表面反射和折射特性、电磁波衰减特性的影响对于不同道路往往有着很大差异，这也会直接影响车辆动力学特性和环境传感识别特性。因此，道路及场地构建在网络基础上，还需反映道路物理特征，描述其三维物理属性。从二维路网中获取任意一点经纬度信息，然后采用数字高程模型（Digital Elevation Model，DEM）获取对应路段的高度信息，根据路段两端的高程信息插值得到对应点的坡度信息；道路的材质纹理等属性通常根据相对应的道路材料或传感器特性确定。由此建立的典型道路三维模型示意图如图4-6所示。

图 4-6 道路三维模型示意图

道路物理特征以平面的道路网络为基础，反映与平面正负落差的道路坡度，并增加了道路的材料、路面的反射特性、道路摩擦系数以及道路的纹理等信息。平面道路主要包括城市主干道、高速公路主干道、城市快速路等类型，存在高程的道路包括各种桥梁、隧道、高架路、埋设在地面下的检测设备以及各种交通控制设备等。

(3) 道路结构

道路结构在道路几何、网络和物理特征的基础上描述了包括交通标志标线、信号灯、检测器等道路上的结构信息，以及在道路之上但不属于道路交通属性的信息，例如障碍物、树木草丛等，如图 4-7 所示。

图 4-7 部分交通设施及附属物示意图

1）交通标志标线模型描述了不同种类的标志标线的位置、尺寸、形状和功能等信息，可在设计路段和交叉口时生成标志标线，或者人工设计添加标志标线作为仿真测试的干扰部分。

2）信号灯模型是模拟交通信号用于调节交叉路口位置中交通流的运动，使得不同车辆或行人有序通过、避免冲突。信号灯模型包括信号灯本体、信号灯控制两个模型部分。信号灯本体模型由灯柱、灯臂、信号灯和标志组成。信号灯控制模型可实现信号的配时配置、运行以及信号灯间的协调。

3）检测器模型是模拟现实生活中对交通流检测的传感器，包括线圈、视频摄像机和雷达等。检测器模型由用于联系检测器和信号控制机的信号控制模型、检测范围模型、检测机制模型三部分组成。城市道路龙门架通常是检测器集中布置的设备。

4）树木草丛模型是使用仿真贴图的方法绘制在场景中，通常根据实际需要改变树木草丛种类和数量。

4.2.2 道路模型构建

道路模型构建在智能驾驶模拟仿真软件中主要采用人工构建和地图导入等方法。

1）基于场景编辑器的道路人工构建方法，可以定制化产生道路且可以产生超现实的道路，主要面向空间范围小、对场景定制化有要求的情况。

2）基于地图导入的自动化道路创建方法，使用软件对地图数据进行处理和可视化，生成虚拟道路，主要适用于大规模自动化产生，创建效率高。

(1) 人工构建方法

人工构建道路先绘制道路几何网络，然后根据路网模型结合道路物理模型生成道路，再添加交通设施和相应附属物，仿真软件 PanoSim 提供了人工构建道路的过程（图 4-8）。

FieldBuilder 是 PanoSim 系统中的道路设计工具，可创建道路场地，配置交通设施及附属物，包括交通障碍物（木箱、路锥、木桩等）、交通标志牌、交通信号灯、建筑和树木。PanoSim 支持从软件的道路场景列表中选择标准典型场景库（ISO、Euro NCAP），例如高速公路、乡村道路、城镇道路、坡道、换道、停车场、高速公路出入口等丰富的道路场地，可进行二次设计使用。

图 4-8　人工构建虚拟高精地图

(2) 基于地图导入的自动构建方法

基于地图数据生成道路网络也是当前道路构建常用的方式之一。图 4-9 所示为使用 PanoSim 导入开源地图数据文件产生的虚拟高精地图及其道路。开源道路地图（Open Street Map，简称 OSM）是一种能让所有人编辑的世界地图文件，可从网站 http://www.openstreetmap.org 进行获取。OSM 有两种区域选定的方式——所见地图界面的内容和手动矩形选择区域内容。OSM 可输出 XML 格式文件，内容定义简洁，容易通过软件语言直接进行解析并提取感兴趣的数据。

图 4-9　基于地图数据导入产生的道路网络

4.2.3　输出载体地图

地图是道路网络按照一定的法则有选择地以二维或多维形式在平面或球面上表示行驶环境中若干现象的图形。随着科技的发展，机器也成为地图的使用者，面向机器的地图载体为电子地图，电子地图本质上是将地图信息按照一定的格式进行存储而形成的地图文件。虚拟地图是在计算机仿真中根据仿真需求而设计和搭建的图形，实现对道路网络几何拓扑结构的模拟。虚拟地图在智能驾驶中通常作为场景中道路及场地的载体。

面向智能驾驶系统或 ADAS 功能的测试，道路与场地模型输出的虚拟地图的典型格式为 OSM、OpenDRIVE 两种。

(1) OSM 文件

OSM 的标准数据格式为 XML，文件名后缀为 *. osm。OSM 文件内存储了地理空间信息数据，包括经纬度及相应的街道名称等地理信息，以及属性数据。地理空间数据主要包括节点（Nodes）、路线（Ways）和关系（Relations），这三种数据构成了整个地图基本结构。其中，Nodes 定义了空间中点的位置；Ways 定义了线或区域；Relations 定义了元素间的关系。标签（Tags）是描述上述矢量数据单元。节点标识了位置信息类型，每个节点至少包含经度和纬度两个属性，同时还包括对节点属性的描述；路线则是一组排序完整的节点，因此一条路线至少包含两个节点，图 4 - 10 为 OSM 文件的线路及其定义。关系可以同时包含节点、线路和关系本身，同时能够反映出任意两者之间的关系，例如起始点、途经线路、终止点或某些约束。为了便于开发者使用，虚拟仿真软件以 PanoSim 为例在开发虚拟地图功能时已完成虚拟地图 OSM 输出格式的配置。

```
<osm version="0.6" generator="OpenStreetMap server">
    <way id="43157302" visible="true" timestamp="2009-10-26T10:45:09Z"
            version="1" changeset="2954960" user="Ed Avis" uid="31257">
        <nd ref="540653724" />
        <nd ref="25507043" />
        <nd ref="107762" />
        <nd ref="25507038" />
        <nd ref="107759" />
        <tag k="highway" v="primary" />
        <tag k="lcn_ref" v="6a" />
        <tag k="name" v="Parliament Street" />
    </way>
</osm>
```

图 4 - 10　OSM 文件的线路及其定义

(2) OpenDRIVE 文件

OpenDRIVE 是一种路网结构描述性文件，目前由自动化及测量系统标准协会（Association for Standardisation of Automation and Measuring Systems，简称 ASAM）维护补充，已逐步成为国际汽车领域通用的道路格式标准。OpenDRIVE 文件格式为 XML，该 XML 文件中包含了 Road、Junction、Station 等诸多道路路网信息，其使用的地理坐标系为 WGS - 84。OpenDRIVE 文件结构如图 4 - 11 所示。

OpenDRIVE 数据中使用的位置信息主要是投影后的 $x - y$ 坐标。OpenDRIVE 定义了一种新轨迹坐标系，即 $s - t$ 坐标系（图 4 - 12），其中 s 坐标沿着参考线（reference line），其长度可在 $x - y$ 坐标系下计算；t 坐标是相对于参考线的侧向位置，规定向左为正、向右为负。

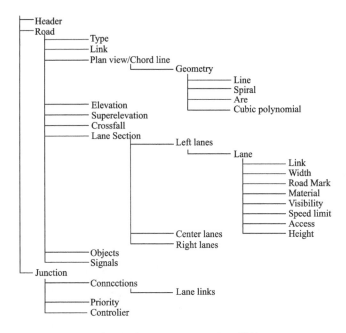

图 4-11　OpenDRIVE 文件结构

参考线（reference line）用于定义道路的基本几何（弧线、直线等）。在参考线的基础上可定义道路相关属性，例如海拔、车道、交通标志等。道路之间可以直连，也可以通过 Junction 连接，OpenDRIVE 所有道路都有一条参考线。道路（Road）是 OpenDRIVE 中路网结构的基本单元，每条道路由三部分组成，分别是参考线、车道以及车道的其他特征（例如限速、禁行等）。道路结构组成示意图如图 4-13 所示。

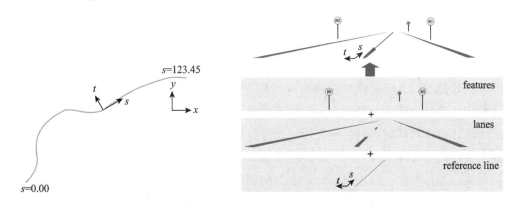

图 4-12　$s-t$ 坐标系示意图　　　　　图 4-13　道路结构组成示意图

道路中包含了很多的车道（lanes），而车道（lane）本身有宽度（width）、虚线、实线等属性参数（Road Mark）。结合这些参数和参考线（reference line）即可将车道复现。道路之间的连接在 OpenDRIVE 定义了两种：一种是标准连接，即有明确的连接关系，例如前后只有一条 road，可通过 Successor/Predecessor 连接（图 4-14 中的 road 1 和 road 2）；另一种是交叉口连接，即前后的连接关系不明确，需要一个 Junctions，例如图 4-14 中 road 2

的后置节点 Successor 就无法确定。在图 4-14 中，road 1 和 road 2 是有明确关系的连接，是标准连接；而 road2 之后的连接关系不明确，则 road2 的右节点为交叉口。

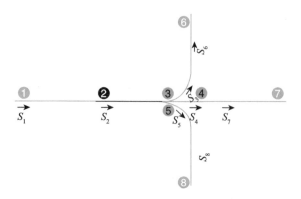

Road	Predecessor	Successor
1	-	2
2	1	ambiguous
3	2	6
4	2	7
5	2	8
6	3	-
7	4	-
8	-	5

图 4-14 道路连接关系

OpenDRIVE 格式文件为虚拟地图建立了标准化接口输出，是目前汽车行业研究的热点，各仿真软件公司也在积极参与推动中。

4.2.4 虚拟地图应用

在车辆驾驶中，人类是通过眼睛和耳朵来感知行驶环境的变化，智能驾驶系统则是通过激光雷达、毫米波雷达、摄像头、定位及惯导系统等车载环境传感器感知世界。高精地图可作为信息参考对比的基础，一方面，人可将感受的环境信息与记忆中的信息对比，分析判断出自己的位置和方向；另一方面，智能驾驶系统也可将传感器搜集的环境信息与存储的高精地图进行对比，分析判断位置和方向的准确性。高精地图参与了高精度定位，能够辅助环境感知规划与决策。

虚拟仿真系统可将虚拟地图用于智能驾驶系统的开发和测试（图 4-15）。以 PanoSim 系统为例，具备了完整的仿真和测试工具链，使用卫星定位模型模拟 GPS 信号，支持从外界导入或人工构建虚拟地图，具备各种传感器模型，包括像机模型、激光雷达模型、毫米波雷达模型、GPS 模型、IMU 模型以及 V2X 模型等，同时具备高逼真度的车辆动力学模型，能够形成智能驾驶系统开发和测试的完整闭合仿真回路，并向基于虚拟地图进行智能驾驶系统开发和测试的使用者提供全程可靠的仿真环境。

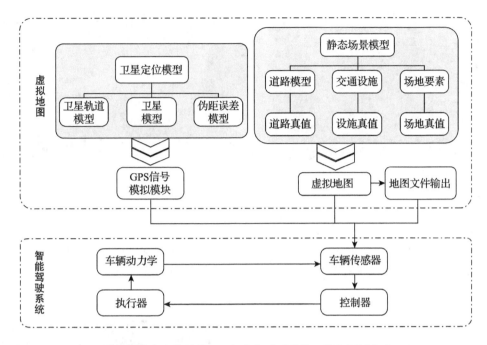

图 4 - 15　虚拟地图用于智能驾驶系统的开发和测试方案

4.3　交通及环境建模

4.3.1　交通建模概述

交通建模是智能驾驶汽车数字模拟仿真测试的重要组成部分。通过对可影响智能驾驶系统的具有自主反应性的周边运动要素，包括周边行人与交通车等诸多动态目标的信息融合、模拟和预测，构建一个具有复杂性、危险性和随机性等的动态交通环境。交通建模最早出现在交通工程领域，将车辆看作移动的刚体，采用运动学机理模型描述车辆跟驰和换道行为规律，实现大规模的交通系统模拟，用于宏观交通的管控、交通拥堵分析及疏导等研究。然而在真实交通环境中的行人或驾驶员操作的交通车辆运动行为具有很强的差异性和不确定性，导致交通环境动态变化往往呈现出复杂、随机、危险和难以预测等特征。因此，面向智能驾驶模拟仿真测试的交通建模技术已成为新的研究课题，作为一种新兴的汽车智能化技术。当前现有的交通建模理论和方法在智能驾驶测试中遇到一些难题：

1）智能驾驶汽车的感知大部分依靠视距传感器，感知范围在车辆周围的有限区域内，远处的交通状况难以对车辆产生直接的影响。

2）交通环境中的交通车除简单的跟驰和换道行为外，还需具有车车信息协调交互行为，以及含有更加复杂的无信号灯转弯、大交通密度下的强制换道等行为。不同视角下的交通如图 4 - 16 所示。

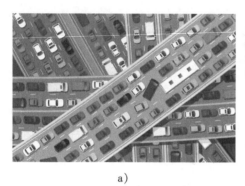

a)　　　　　　　　　　　　　　　　　b)

图 4 - 16　不同视角下的交通

a）宏观视角下的交通　b）驾驶员视角下的交通

3）交通车不能简单地视作刚体，车车交互过程中不仅能提供位置和速度信息，还应提供车辆姿态等与车辆动力学相关的运动信息。通用交通模型仿真效果与真实交通对比如图 4 - 17 所示。

图 4 - 17　通用交通模型仿真效果与真实交通对比

4.3.2　交通模型分类

交通参与物大致可以分为三类——机动车、非机动车和行人。不同的交通参与物不仅在外形和运动规律上存在差异（表 4 - 2），交互特征也存在差异，在建模时需分开考虑。

表 4 - 2　交通参与物及其运动规律

交通参与物	运动规律
机动车	受限于道路交通法规，运动行为有规律
非机动车	运动受车道限制弱，运动灵活，非理性行为较多
行人	交通弱势者，体积较小，运动不受车道限制，行为灵活

交通参与物交互关系如图 4 - 18 所示。

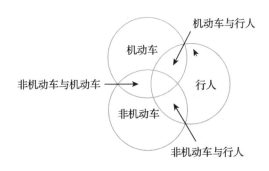

图4-18 交通参与物交互关系

目前，面向智能驾驶测试的几种典型交通模型见表4-3。

表4-3 典型交通模型

形式	常见的建模方法
边界交通	机理建模
异常交通	机理建模 + 真实数据
具有地域特色的交通	数据驱动建模

(1) 边界交通

针对汽车行驶安全和功能安全的边界，由诸多事故或可能造成风险的小概率事件生成的具有提升事故风险的交通车行为，这是一种有测试任务针对性创造的交通模型。边界交通不关注大范围交通系统变化，在微观交通建模层面关注生成具有安全风险特征的小范围交通车运动模型，模拟小概率行为。边界交通模型主要以机理建模方法为主，结合车辆的运动学和动力学特性来模拟交通车的边界。

(2) 异常交通

针对驾驶中非理性行为，例如逆行、压线、抢占路权等与道德和法规相悖的行为，建立的一种描述交通整体呈现混乱、无序、不符合常规、通行效率低的交通模型，常在机理建模的基础上辅助真实数据。异常交通关注驾驶员的非理性行为导致的混乱和无序，采用以机理建模为主、与真实数据相结合的方式。通过了解真实数据中理性/非理性、违规、激进的驾驶行为，可帮助理解和模拟非理性行为。

(3) 具有地域特征的交通

由该地区文化、法规、道路环境、驾驶员习性等因素导致的交通环境具有鲜明的地域性特点，其交通车行为特征服从数据的统计规律，主要以基于数据驱动的建模方法为主。具有地域特色的交通，目的是获得使被测对象具有沉浸感的、逼真的交通环境。这类交通环境通常建立在复杂的道路上，包含多种类型的交通参与物，个体运动差异大，个体间交互方式复杂，组成地域特征的要素不明确，难以通过机理建模实现，可采用数据驱动建模的方式。

4.3.3　交通建模方法

在智能驾驶的模拟仿真技术中，交通建模是从微观层面上建立对交通参与物个体运动规律描述方程。本小节以交通车为例，介绍两种交通微观建模方法——机理建模和数据驱动建模。

(1) 机理建模方法

机理建模主要依靠研究人员对交通系统内部变化规律的理解和经验，获得一个能描述规律且大范围适用的运动模型，易于分析且保证大规模的仿真效率。机理建模主要描述交通跟驰行为、换道行为、发车行为及换道跟踪关键的运动行为规律。以交通车的跟驰行为为例，基于机理建模方法得到的微观交通模型的一般形式为

$$a_i(t \mid \theta) = f(\Delta x_{i-1,i}(t-T), \ v_i(t-T), \ \Delta v_{i-1,i}(t-T) \mid \theta) \qquad (4-1)$$

式中，模型描述了交通中第 i 辆车的加速度与自身速度、与前车的相对速度和相对距离之间的关系；θ 是固定参数，在使用过程中，通常使用真实交通轨迹数据对模型进行参数校正，以确保模型更准确、更真实。

智能驾驶员模型（Intelligent Driver Model，简称 IDM）是一种典型的微观交通建模方法。该模型考虑了驾驶过程中的期望值（期望速度、期望车间距等）以及因驾驶员习性或车辆加/减速性能差异而导致的加/减速过程的不对称行为。模型具体形式为

$$a_n(t) = a_{\max}^{(n)} \left[1 - \left(\frac{v_n(t)}{\tilde{v}_n(t)} \right)^{\beta} - \left(\frac{\tilde{S}_n(t)}{S_n(t)} \right)^2 \right] \qquad (4-2)$$

式中，$a_{\max}^{(n)}$ 是 n 车的最大加速/减速度；$\tilde{v}_n(t)$ 是期望速度；S_n 是车间距（前车尾部和主车车头之间的距离）；$\tilde{S}_n$ 是期望的车间距，取决于速度 v_n、速度差 Δv_n、加速度最大值 $a_{\max}^{(n)}$、舒适减速度 $a_{comf}^{(n)}$、静止状态下的最小车间距（$S_{jam}^{(n)}$，$S_1^{(n)}$）以及期望车头时距 $\tilde{T}_n$，可表示为

$$\tilde{S}_n(t) = S_{jam}^{(n)} + S_1^{(n)} \sqrt{\frac{v_n(t)}{\tilde{v}_n(t)}} + v_n(t) \tilde{T}_n(t) - \frac{v_n(t) \Delta v_n(t)}{2 \sqrt{a_{\max}^{(n)} a_{comf}^{(n)}}} \qquad (4-3)$$

虽然该模型考虑了驾驶行为不确定性等特征，但模拟依旧描述的是理想情形下的跟驰状态，无法反映实际驾驶过程中的非理性驾驶行为，对车车间交互行为的描述也远远不够。

(2) 数据驱动建模方法

由于机理建模过程中忽略了车辆运动随机性和多样性等诸多要素和细节，导致产生的交通车轨迹外在表现一致，与真实交通差距较大。相比之下，真实数据包含了大量行为特征信息。交通轨迹数据能够反映出更多有关驾驶行为特征信息。驾驶行为具有不对称性（加/减速、换道）、记忆性（车辆的加/减速受一定历史时间范围内的车速、速度差和距离的影响）、异质性（不同驾驶员的驾驶行为存在差异）、阶段性（换道过程可分为换道决策阶段和换道执行阶段）等特点。因此，通常采用机器学习的方法，挖掘真实数据中的信

息，获得反映行为数据特性的交通模型。以跟驰行为为例，采用机器学习构建的交通模型如图 4-19 所示。获得的微观交通模型反映了交通流中第 i 辆车当前速度与一段历史时间内的自身速度、相对速度、相对距离之间的对应关系。

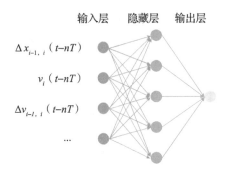

图 4-19　采用机器学习构建的交通模型

PanoSim 仿真系统中的交通环境模块（Traffic Builder）内置了多种微观交通模型（图 4-20），使用者和研究人员可在模块中配置交通流状态，包括交通参与物类别及比例、交通密度、驾驶员类型等参数，构建期望的交通环境，然后结合 PanoSim 提供的完整仿真和测试工具链，实现对智能驾驶系统的测试。

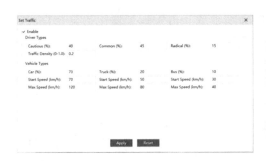

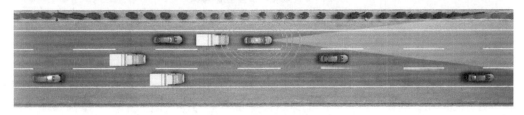

图 4-20　PanoSim 交通模型图

4.4 天气与光照模拟

智能驾驶汽车不应仅限于良好的光照和天气条件等理想的行驶环境，还应对于光照较差或一些恶劣的天气条件下有很强的适应和操控能力。在光照条件较差以及雨、雪、雾等恶劣的天气条件下，驾驶员操作车辆的难度会增加，同样恶劣天气和光照条件也会对智能驾驶系统产生很大的负面影响，主要体现在感知识别方面。例如，光照的强弱直接影响了像机成像效果，雨、雪、大雾等天气条件也会降低视觉感知的能见度，同时大气中的雨滴、雪粒等会阻碍雷达电磁信号传播，降低传感精度。雨雪天气也会增加道路表面湿滑程度，减少轮胎与地面的摩擦附着系数，给车辆操纵稳定性的保持带来一定难度，影响了车辆驾驶性能。然而，现实场景中的天气和光照往往不可控，只有虚拟仿真才能提供可变、可控、多样的天气与光照环境，因此天气与光照模拟对于智能驾驶的虚拟仿真环境显得尤为必要。

4.4.1 天气量化分析

现实世界的天气是复杂多变的，由多种气象要素组成，包括温度、湿度、气压、风、云、雨、雪、雾/霾等，每一种要素又由不同的类别组成。由于天气变化的复杂性，需要对各种气象因素进行量化才能分析出天气对智能驾驶的具体影响。

(1) 天气量化描述

本小节主要对雨、雪、雾/霾进行量化。

雨的形成是由于水蒸气在高空中遇冷凝聚成小水滴，这些小雨滴不断增大直至空气无法托住而下落。雨水中主要含有 SO_4^{2-}、Cl^-、Ca^{2+}、NH_4^+ 等离子，对于不同 pH 值的雨水而言，离子的浓度又有所不同。对雨的描述主要按照降雨量、雨滴半径两个指标，其具体分类见表 4-4 和表 4-5。

表 4-4 根据降雨量的分类

降雨量/(mm/24h)	< 10	10 ~ 25	25 ~ 50	50 ~ 100	100 ~ 250	> 250
定性描述	小雨	中雨	大雨	暴雨	大暴雨	特大暴雨

表 4-5 根据雨滴半径的分类

雨滴半径/mm	< 0.5	0.5 ~ 1	1 ~ 2	3 ~ 5	> 5
定性描述	毛毛雨	小雨	中雨	瓢泼大雨	暴雨

雨滴半径的大小影响雨的下降速度。雨速以收尾速度来表示，雨水受自身重力的作用和空气阻力的影响，其在一段时间的加速后自身重力会与空气阻力平衡，达到匀速下落状态。其中，对于毛毛雨而言，雨滴的收尾速度一般为 2m/s；对于暴雨而言，雨滴的收尾速

度一般为 9m/s。收尾速度越大，对目标物遮挡效果越严重，传感器的检测距离也会变得更短。

雪的形成与雨相类似，只是雨滴变成了冰晶。对雪的描述选取降雪量作为量化指标，其具体分类见表 4-6。

表 4-6　雪的分类

降雪量/ (cm/12h)	<1	1~3	3~6	6~12	12~24	>24
定性描述	小雪	中雪	大雪	暴雪	大暴雪	特大暴雪

雾和霾的区别在于相对湿度和 PM2.5 的含量，霾中有大量的悬浮颗粒，包括汽车尾气、化工废气等，而雾的主要成分是小水滴。根据 2010 年国家气象局颁布的中华人民共和国气象行业标准，当能见度低于 10km，相对湿度低于 80%，PM2.5 的含量大于 $75\mu g/m^3$ 时为霾；相对湿度介于 80% ~95% 之间，PM2.5 的含量大于 $75\mu g/m^3$ 时为雾霾混合天气；相对湿度大于 95% 时为雾。对于雾/霾的描述主要是通过能见度指标，其计算公式如下：

$$L = \frac{2.62r_e}{w} \qquad (4-4)$$

式中，L 是能见度；w 是含水量；r_e 是有效平均半径，计算公式如下：

$$r_e = \frac{\int_0^\infty r^3 n(r)\,\mathrm{d}r}{\int_0^\infty r^2 n(r)\,\mathrm{d}r} \qquad (4-5)$$

式中，r 是雾粒半径；$n(r)$ 是雾粒分布函数。

视觉能见度指人眼能够将目标物从背景中识别出来的最大距离，根据能见度范围对雾/霾的分类见表 4-7。

表 4-7　雾/霾的分类

能见度/m	1000~10000	500~1000	200~500	50~200	<50
定性描述	薄雾	雾	大雾	浓雾	强浓雾

天气条件对传感感知系统的影响主要体现在视觉和雷达两个方面。

(2) 对基于视觉的传感感知系统影响

阴雨天气下光照强度下降，雪和雨水的反射也会导致镜面反射，影响像机的成像效果。同样雾霾也会影响光照强度，使得目标物与背景亮度的对比减弱，造成图像模糊。大气中的雨雪粒子类似于噪声，会对目标物造成遮挡，基于视觉的智能驾驶汽车在检测目标物时，大气中的雨滴会对其造成混淆，并且伴随着雨滴密度的增加，其识别率会逐渐降低。基于视觉感知的智能驾驶系统依赖于道路标记来进行决策规划，而雨雪可能会导致诸如车道线等标记变得模糊、难以辨识，甚至完全消失，这会造成视觉传感信息缺失和误导。

(3) 对基于雷达的传感感知系统影响

基于雷达的传感感知系统主要考虑天气引起的气象杂波带来的影响。气象杂波可以简单描述为云、雨和雪的散射回波，其强度与介质的性质有很大的关联。随着雨滴半径的增大，气象杂波逐渐增大，影响甚至阻碍雷达对目标物的探测。以激光雷达为例，在雨、雪、雾/霾等天气条件下，激光雷达的探测距离会发生改变。激光雷达的最大探测距离可以表示为

$$R_{max}^2 = \frac{P_T D^4 \eta_{Sys}}{16\lambda P_{Rmin}} \rho_T \exp\ (\ -2\gamma R_{max}\ ) \tag{4-6}$$

式中，R_{max} 是激光雷达的最大探测距离；$\frac{P_T D^4 \eta_{Sys}}{16\lambda P_{Rmin}}$ 与雷达参数有关，可看作固定值；ρ_T 是目标的反射率；天气对激光雷达的影响主要体现在衰减系数 γ 上，在不同的天气条件下，衰减系数 γ 有所不同，从而影响激光雷达的最大探测距离。

此外，不同特质的雷达信号受到天气的影响也会各有不同。大气中的雨雪粒子会产生许多噪点，影响激光雷达对目标物的识别；温度变化也会引起激光器阈值电流和斜率效率的变化，引起激光雷达的虚警。信号在环境中的传播衰减是天气影响毫米波雷达性能的一项重要因素，大气中水蒸气和氧会吸收毫米波信号，大气中的雨雪粒子、雾粒子等都会降低信号传播功率。超声波作为声波的一种，其传播主要受到传播介质和温度的影响。

(4) 对汽车控制系统影响

雨雪天气会增加道路表面湿滑程度，减小轮胎与地面的摩擦附着系数，增加车辆所需的制动距离，造成驱动轮容易打滑甚至空转，并且在有积水的路面上行驶时可能出现滑水现象（轮胎完全漂浮在水膜上而与路面丝毫不接触），给车辆操纵稳定性和行驶安全性的保持带来一定难度。不同天气下的路面附着系数见表4-8。

表4-8 不同天气下的路面附着系数

路面状况	干燥路面	结冰路面	积雪路面	湿路面	高温路面
附着系数	0.70	0.18	0.28	0.44	0.19

4.4.2 天气模拟方法

天气模拟主要是利用粒子系统和 Unity3D 渲染引擎相结合模拟雨雪粒子效果。粒子系统是基于计算机图形学理论模拟特定模糊现象的技术，例如雨、雪、云、雾等，这些自然现象采用其他传统渲染技术难以实现真实感的物理运动规律。Unity3D 是一种用于游戏开发、建筑可视化、实时三维动画等类型互动内容的多平台的开发工具，可以通过 Unity Shader 工具绘制雨滴和雪花效果。

粒子系统利用大量微小且相似的基本粒子图元作为基本元素，用来模拟和描述不规则的模糊物体。粒子系统中的每个粒子在虚拟场景中都要经历产生、运动、消亡三个生命历程。在这个过程中，粒子的生命周期、形状大小都会随着时间发生变化。粒子的其他属性如速度、空间位置等会在一定范围内发生随机变化。粒子系统的基本组成如图4-21所示。

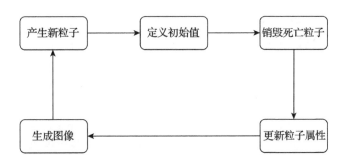

图 4 - 21　粒子系统的基本组成

1）在粒子系统中产生新的粒子。

2）定义新粒子的原始属性。

3）对超过生命周期的粒子进行销毁。

4）判断粒子是否超过了生命周期，若没有，则继续进行属性更新。

5）渲染存活的粒子直至销毁。

为提高虚拟场景的真实感，创建粒子模型需要考虑许多环境因素。以雪花粒子模型为例，在对雪花粒子进行模拟时需要具体考虑到粒子重力、风向和风速等的影响，以及雪花的形状和密度。此外，在同一视角对远近处的雪花密度的感觉也不一样，近处的雪花密度在视觉上相对较小。图 4 - 22 给出了 PanoSim 中的雪天效果。

图 4 - 22　PanoSim 中的雪天效果

4.4.3　光照影响分析

光照即光线照射，可通过光照强度、光照方向两方面来量化描述。光照强度描述了单位面积上所接受的可见光的能量，单位为勒克斯（lx）。光照方向描述了光源和物体（即像机位置）之间的相对关系。

光照能够影响车载像机的成像过程，降低图像质量。像机的成像原理（图 4 - 23）为：外界环境反射的光线聚集到像机的 CCD 或 CMOS 传感器上，再将捕捉到的光信号转化为电信号，然后 A/D 转换器将模拟信号转换为数字信号，最后以数据的形式存储。

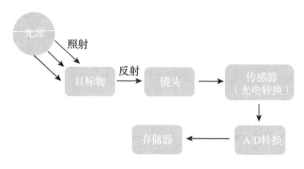

图 4-23 像机的成像原理

像机成像过程中，光敏元件上的电荷量由其受到的光照强度决定。传感器上接收到的光照强度可表示为

$$E_p = \pi L_s T \left(\frac{D}{f}\right)^2 \Big/ \left[4(1+m)^2\right] \tag{4-7}$$

式中，L_s 是目标亮度；T 是光学镜头透光率；m 是成像系统放大倍率；D 是通光孔径；f 是焦距。

其中，T、m、D、f 均为像机参数。目标亮度的大小与光照方向、季节、云层和天气等因素均有一定的关联。由于光照的变化使得目标的颜色等发生变化，接着产生阴影和反光，进而影响到基于视觉的目标物识别等功能。

4.4.4 光照模拟方法

现实世界的光照是十分复杂的，并且受到诸多因素的影响，例如天空会由于光照强度不同在一天之中不同时刻呈现出不同的颜色，因此对光照的模拟逼真程度能够极大地影响虚拟场景的真实感。光照模拟是建立一种合适的数学模型，以计算物体表面上任一点反射的光线亮度大小和色彩组成，使得物体产生真实感。

考虑场景中各物体表面间的光照相互影响，将光照模型分为局部光照模型和全局光照模型两类。

局部光照模型单纯考虑光源对场景元素的直接照射，忽略了各物体间的相互影响。

全局光照模型既考虑了光源的直接照射，同时也考虑了各物体间的光线交换，能够描述出光线到光源的整个过程。

局部光照模型忽略了间接光的各种现象，降低了真实感，但是模型的计算量低，能够达到很高的帧率，使研究者能快速应用于性能有限的机器上。局部光照模型简化了环境光照（Ambient Lighting）、漫反射光照（Diffuse Lighting）和镜面光照（Specular Lighting）三个分量的组成，得到的光照模型描述不同光照信息对于物体表面的入射反射程度。

$$L = L_{ambient} + L_{diffuse} + L_{specular} \tag{4-8}$$

其中，环境光源没有空间或方向上的特征，在物体表面上反射的光照强度可看作常量。漫反射与观察方向无关，只与光源的强度和入射光线与物体表面法向之间的夹角信息有关，根据 Lambert 定律：当光线照射到理想反射体（物体表面向各个方向等强度反射光）上时，漫反射的光照与入射光照和入射方向与物体表面的法向夹角余弦值成正比。漫反射光照 $L_{diffcuse}$ 可以表示为

$$L_{diffcuse} = K_d L_{incident} \cos\theta \tag{4-9}$$

式中，$L_{incident}$ 是入射光照；K_d 是反射平面的反射率；θ 是光源入射方向与物体表面的法向夹角。

根据 Phong 模型，镜面光照可表示为

$$L_{specular} = L_{reflection} \cos^n\theta \tag{4-10}$$

式中，$L_{reflection}$ 是物体表面的入射光照；n 是一个与目标表面光滑程度相关的参数值，目标表面越光滑，该参数值越大，相应的光照强度更高。

第5章
车载环境传感器建模

汽车智能驾驶常用的环境感知设备包括像机、雷达、定位和无线通信等系统，环境传感器建模是构建汽车智能驾驶模拟仿真系统、支持汽车智能驾驶仿真测试的重要环节和关键技术。

环境传感器模型主要包括像机、毫米波雷达、激光雷达、超声波雷达、定位与惯导等模型。传感建模技术通常包括基于几何/物理建模和图像模拟混合建模方法的像机模型，以支持对车载像机、视觉成像和图像处理等的模拟和仿真；包括考虑雷达电磁波发射、传播、反射和接收机理，考虑复杂天气、地表杂波和干扰等环境因素，以及目标散射面积等对功率衰减和检测误差影响机理的雷达建模方法，以及激光雷达、超声波雷达、定位系统、车载无线通信信道建模等。

5.1 像机建模

像机由于具有本身和人眼成像原理相近且成本较低的特点，在视觉传感应用方面日渐增多，已成为智能驾驶不可或缺的关键感知单元。

像机可以拍摄前方目标并获得视频流和图像，再利用各个物体间的图像特征差异，识别出目标物体信息，包括车辆、行人、车道线和交通标识等道路设施与交通参与物信息（图5-1）。一方面，随着深度学习方法在机器视觉中的应用，像机的使用不仅仅是简单的轮廓和色彩识别，而是基于深度学习理论对大规模标注数据的学习和模型训练，自动提取目标的特征图。由于目前大多数用于模型训练的图像数据仍依赖于人工标注，因此这是一种包含了人类对该类物体及行为识别的学习方法。另一方面，像机的安装位置、光学模组和传感器参数的选择等对汽车智能驾驶系统同样至关重要，模拟仿真能够帮助使用者和研究人员在设备路试前选配出符合目标任务、性能匹配的合适像机。

图5-1 像机在汽车智能驾驶中的广泛应用

5.1.1　像机成像原理

像机作为一种光学传感系统，其与环境光发生交互的第一个部分可根据抽象等级分为小孔像机和薄透镜像机两类。

(1) 小孔成像模型

小孔成像是一种对成像系统最简单的抽象方法，反映了光学成像的本质。如图 5 - 2 所示，人偶通过小孔透射上下颠倒地成像在底片上。视场角（Field of View，简称 FOV）描述的是底片可成像的范围，以锥体形式呈现，即在锥体之外的物体是无法被像机捕捉到的。在计算机模拟仿真中，通常会以图 5 - 3 所示的方式摆放底片位置，而小孔被抽象为眼睛位置。虽然这种定义方式与实际不相符，但便于计算，如光线会直接从底片的每一个像素点在锥形的范围内向外部射出，因此小孔成像被广泛使用。

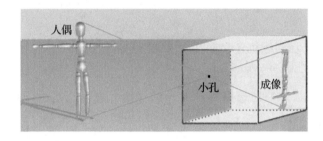

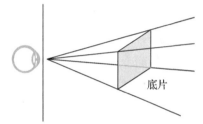

图 5 - 2　小孔成像示意图　　　　　　　图 5 - 3　渲染系统中底片的摆放位置

(2) 薄透镜模型

像机跟人眼观察世界的方式类似。由于人眼的视场角通常只有 5° 左右，所以人在读书时需要不停地移动目光，因为只有在很小的范围内物体才会呈现出清晰轮廓，超出视场角范围外的物体对人眼来说都是模糊的；同样，深度信息也一样，当人注视眼前物体时其他深度的物体也会变得模糊。图 5 - 4 展示了实际摄影中经常出现的一种局部模糊的效果。这是由于镜头只能聚焦在特定距离的物体上，而距离之外的物体会随着相对于该距离位置的增加而无法聚焦，造成模糊程度增大。通常为强调出画面的重点会在摄影中保留这种效果。薄透镜模型是一种可以模拟这类效果的抽象化模型（图 5 - 5）。

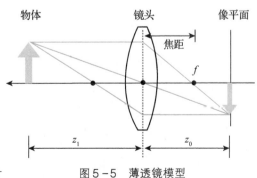

图 5 - 4　使用 Laubwerk 树木模型渲染的具有景深的图片　　　　图 5 - 5　薄透镜模型

薄透镜模型采用一层透镜替代小孔建立光圈、焦距概念，相比小孔成像抽象过程更真实。z_1 是物体距离镜头中心的距离，z_0 是成像到镜头中心的距离，f 是焦距，反映像机中镜头中心到底片之间的距离，所以物体聚焦在底片之外的地方会呈现出模糊的效果。z_0 可以由式（5-1）得到：

$$\frac{1}{f} = \frac{1}{z_1} + \frac{1}{z_0} \tag{5-1}$$

相应地，以模糊圈表示模糊的程度：

$$d_c = A \frac{z_0 - f}{z_0} \tag{5-2}$$

式中，A 是镜头的光圈。由式（5-2）可见，如果光圈无限小，可得到一个小孔像机，也就是得到了一个没有任何景深且没有模糊的理想图像。薄透镜像机在实际的计算过程中也使用了图 5-3 中所示底片的摆放位置，所以薄透镜像机同小孔像机的最大区别是通过对光圈和焦距的引入增加了对景深的仿真。

除上述两种基本的理想像机模型外，真实像机还会面临诸多非理想的情况：

1）几何畸变：主要受光学系统影响，例如鱼眼像机。

2）颜色偏移：主要由于光学透射会非均匀地透射不同波长的光线，也可能是由于后处理中的色彩还原或白平衡算法造成的。

3）噪声：主要受传感器的影响。

4）暗角：由于光学入射角的存在，光学系统和传感器的微透镜会使得光线进入透镜边缘后产生折射现象，光线难以落在光电传感器上。

5）运动模糊：通常由曝光时间过长、物体移动速度过快造成，运动模糊的准确仿真对于智能驾驶的仿真测试尤为重要。

5.1.2 像机建模方法

像机模型由像机模糊化、像机畸变、像机暗角、像机颜色转换和像机鱼眼效果处理等关键步骤组成。而像机建模是在理想像机模型的基础上，对上述非理想状况进行图像后处理。

(1) 像机模糊化

像机模糊化建模即针对点扩散函数造成的模糊情况，确定二维正态分布的关键参数即标准差，如图 5-6 所示。用理想像机模型拍摄一段锋利的边界，然后对图像按列求平均值再归一化和差分，会得到近似于一维正态分布的形状，其标准差会与二维正态分布的相同，接着采用拟合办法估计得到标准差。最后，依据上一步获得标准差，形成二维卷积矩阵，对图像进行卷积处理。

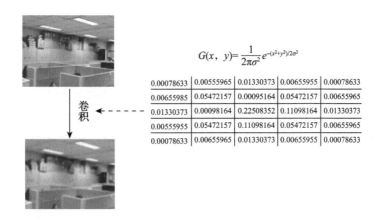

$$G(x,\ y)=\frac{1}{2\pi\sigma^2}e^{-(x^2+y^2)/2\sigma^2}$$

图 5-6 像机模糊化处理

(2) 像机畸变模拟

像机畸变中径向畸变对于图像处理影响最大。本小节采用的是 Brown 光学畸变公式（图 5-7），其中 r_s 表示非畸变图像中某一点当前位置距离畸变中心的距离；r_d 表示畸变图像中某一点当前位置距离畸变中心的距离；k_1 和 k_2 表示畸变参数。采用棋盘板进行对比，通过畸变标定工具可获得像机的内/外参（包括畸变系数）。

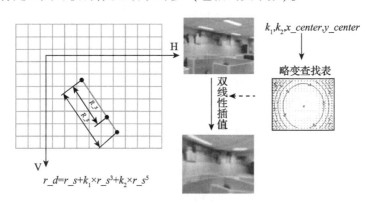

图 5-7 像机畸变仿真

(3) 像机暗角模拟

暗角表示每个像素和主光轴的夹角，可通过求其余弦四次方并与原像素相乘得到暗角图像，效果如图 5-8 所示。

图 5-8 像机暗角仿真

(4) 像机颜色转换

像机对于亮度和光谱组成的点会有 RGB 颜色响应。由于像机成像模块产生的图像反映的是像机的贴图采集响应，为了能准确地表征真实像机对于场景中亮度和光谱组成的 RGB 响应，需要进行颜色转换。计算参数主要是 3D 场景贴图采集像机的 RGB 响应与待建模像机的 RGB 响应之间的映射关系。通常采用一块麦克白比色板来辅助获得真实像机和拍摄纹理像机之间的颜色转换曲线。具体方法如图 5-9 所示，在同样的光照下对比色板分别采集图像，然后根据每个颜色块的 RGB 值插值形成查找 MAP 表，接着对每个通道的像素值进行查找运算，可获得颜色转换后的图像。

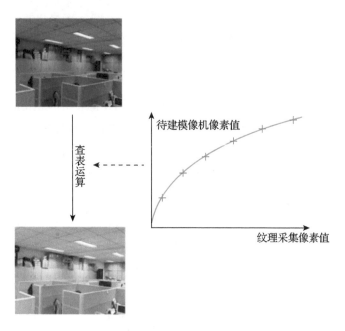

图5-9　像机颜色转换

(5) 像机鱼眼效果处理

像机鱼眼效果的设计原则是采用球面投影以替代透视投影。针对视场内的任意物点 P，计算在球面投影模型中成像面上对应的像点位置 P''，具体方法如下：

1）根据透视投影，将 P 投影到单位球面（可视为球体），具体为连接物点 P 和焦点 O，做 PO 延长线与视球体相交，交点记为 P'。

2）连接 P' 和视球体北极 M（过 O 点做像平面法线，法线与单位球 O 交点记为 M），MP' 延长线与像平面交点即为 P''。

在像平面上，点 P'' 用以图像中心为原点的极坐标表示为 (θ, r)。从投影过程可知，投影过程中 θ 角保持不变，而 r 可以用关于入射角 α 的函数表示，即 $r = f(\alpha)$。根据图 5-10 所示及三角函数关系，可得到球面投影模型中 $r = f(\alpha) = (1 + f_1)\tan(\alpha/2)$，其中 f_1 表示鱼眼像机的焦距。

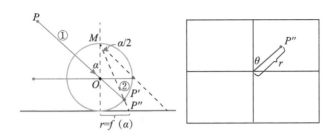

图 5-10　鱼眼像机计算

要模拟鱼眼像机的成像效果，需要在渲染引擎中，以同一视点，朝左（L）、前（M）、右（R）、上（U）、下（D）共 5 个正交方向分别渲染出 5 幅透视场景图像作为输入。5 幅图像对应的像机垂直及水平视场角均为 90°。5 个像机投影中心均位于单位球的球心处，其中像机 M 的主光轴与鱼眼像机的主光轴重合，以 M 为基础，L 和 R 分别绕投影中心向左和向右偏转 90°，U 和 D 则分别具有 ±90° 的俯仰角度，使得 5 幅图像形成一个前向包围盒。图 5-11 所示是在一个简单场景中渲染引擎按上述要求渲染出的 5 幅图像。

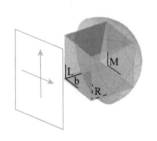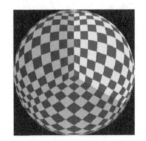

图 5-11　鱼眼像机的渲染

按上述流程进行鱼眼图像模拟时，使用了理想的球面投影模型。然而对于真实的鱼眼像机，在设计时出于各种方面的考虑，其成像过程不一定严格遵循球面投影模型，并且在实际制造时引入的各种误差也会使实际成像结果进一步偏离理想球面投影模型的结果，称为畸变。将模拟结果与相对应的真实像机拍摄的图像叠加，可得到畸变偏差，如图 5-12 所示。若模拟结果对成像点的位置精度要求较高，则需要对真实像机的畸变进行标定，用畸变标定的结果对模拟鱼眼图像的偏差进行补偿，以得到更真实的模拟结果。

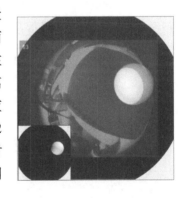

图 5-12　真实与仿真的鱼眼
像机的偏差

真实像机标定通常采用 Brown 多项式模型[3]描述畸变。不同之处在于传统标定方法基于透视投影模型，这种方法基于球面投影模型，即用"球面投影＋多项式畸变补偿项"近似真实鱼眼像机的成像几何。

鱼眼像机畸变标定包括两方面内容——确定像机畸变中心（像主点）和确定畸变多项式系数。

确定畸变中心采用基于平行直线消失点的方法。Brown 畸变多项式在不对标定结果精度产生较大影响的情况下，为减少计算量仅考虑径向畸变，且取径向畸变多项式中的第一项即估计系数 k_1。

$$x_d = x_u \left(1 + k_1 r^2 + k_2 r^4 + k_5 r^6 \right) + dx$$
$$y_d = y_u \left(1 + k_1 r^2 + k_2 r^4 + k_5 r^6 \right) + dy \qquad (5-3)$$

$$dx = 2k_3 xy + k_4 \left(r^2 + 2x^2 \right)$$
$$dy = k_3 \left(r^2 + 2y^2 \right) + 2k_4 xy \qquad (5-4)$$

$$r = \sqrt{\left(x_u - x_c \right)^2 + \left(y_u - y_c \right)^2} \qquad (5-5)$$

使用一种条带标定板，条带标定板提供了一组多条空间平行直线，在鱼眼像机获取到的条带标定板图像上使用边缘检测方法先提取出平行直线图像上的点，对这些点进行圆弧拟合，拟合出的圆弧相交的两点即这组平行直线提供的消失点。对条带标定板从多个角度进行拍摄，以获取多组平行直线的图像，求出畸变中心位置。

估计畸变系数 k_1 可以采用任意一种优化搜索方法，对某一畸变系数的优化目标函数以最小二乘方式定义，计算方式如下：前面的步骤与求畸变中心类似，即用待标定的鱼眼像机拍摄若干球体，然后用边缘检测方法提取球体图像边缘上的点。对提取到的边缘点，以当前畸变系数配合前面求得的畸变中心进行"去畸变"操作，并在去畸变后的点集上进行圆拟合，如图 5-13 所示。则当前畸变系数的目标函数定义为

$$f(k_1) = \sum_{i=1}^{M} \sum_{j=1}^{N} \left(d(p_{ij}, O_i) - r_i \right)^2 \qquad (5-6)$$

式中，p_{ij} 表示第 i 个球对应图像上一点；O_i、r_i 分别为第 i 个球对应图像的圆心和半径；d 表示两点之间的距离；M 是第 i 个球对应图像上点的个数；N 为球体个数。当 f 值达到最小时，则可以认为当前的 k_1 能将所有球体图像上的点都恢复到某个圆形上，使得实际拍摄得到的图像与理想的球面投影模型吻合。

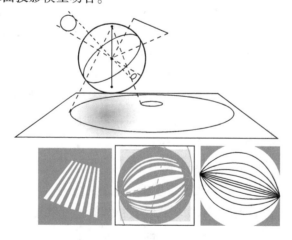

图 5-13　鱼眼像机畸变标定

5.1.3 像机模型应用

为展示像机模型的应用，首先需要标定真实像机并得到其内/外参及畸变系数，再通过模型输出图像与真实图像对比畸变模拟结果，如图5-14所示。

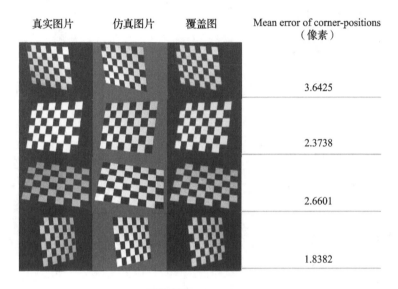

图5-14 畸变模型

将像机模糊、暗角、颜色转换和鱼眼像机等模型输出的图像与真实像机输出的图像进行对比验证，其结果分别如图5-15~图5-18所示。通过与真实图像对比，发现对比结果高度一致，表明通过后处理方式可以一定程度上满足智能驾驶仿真中视觉传感的实时性和准确性要求。

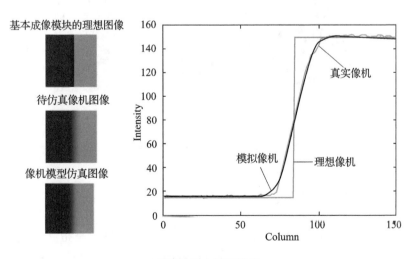

图5-15 模糊模拟

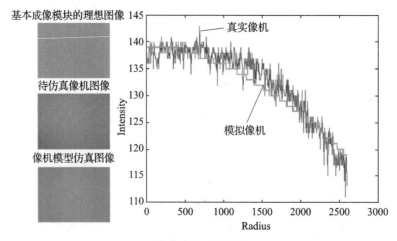

图5-16 暗角模拟

图5-17 色彩模拟

a）待仿真图像 b）实拍图像 c）仿真结果

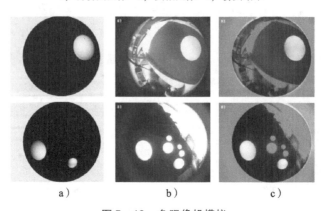

图5-18 鱼眼像机模拟

a）仿真图片 b）真实图片 c）覆盖图

5.2 毫米波雷达建模

雷达（Radio Detecting and Ranging，简称 Radar），顾名思义是指无线电检测与测距，是一种运用无线电定位方法检测、识别并测量目标位置及其他信息的传感器装置。毫米波雷达的电磁波信号一般工作在频率为 30～300GHz 范围内（对应波长为 1～10mm），其波长介于微波和厘米波之间，因此毫米波雷达兼有微波雷达和光电雷达的一些特点。

毫米波雷达具有成本低、稳定性好、全天候工作等优势，可实现对被测目标距离、速度、方位角等的高精度测量。目前，智能汽车中常用毫米波雷达主要工作在 24GHz 和 77GHz 两个频段。

5.2.1　毫米波雷达工作原理

雷达的基本工作原理是，通过发射机产生雷达发射信号，通过天线以电磁波的形式辐射出去，遇到目标后反射，再由天线接收回波信号，传输给雷达接收机，最后处理接收到的信号并得到被测目标的距离、速度和方位角等信息，如图 5-19 所示。雷达的测量主要包括测距、测速和角度测量等。

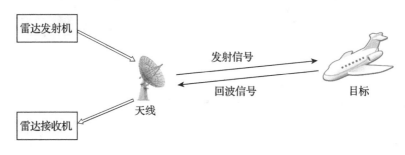

图 5-19　雷达工作原理

(1) 毫米波雷达的测距原理

雷达通过发射一串连续调频的毫米波信号，经目标反射产生回波信号。由于回波信号与发射信号波形相同，但存在时间间隔即 Δt，Δt 与目标距离 R 间的计算关系为

$$\Delta t = \frac{2R}{c} \tag{5-7}$$

式中，c 是电磁波在空间传播的速度。

实际环境中时间间隔 Δt 受噪声等因素影响，通常用发射信号与反射信号的频率差 Δf 来替代，根据三角关系得出目标距离 R，

$$R = \frac{cT\Delta f}{2\Delta F} \tag{5-8}$$

式中，ΔF 是调频连续波的最大频差；T 是调频连续波的变频周期，如图 5-20 所示。

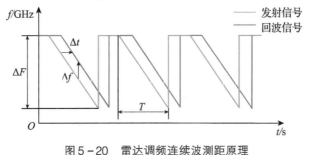

图 5-20　雷达调频连续波测距原理

(2) 毫米波雷达的测速原理

雷达测速一般根据多普勒原理（图 5 – 21），雷达电磁波经由天线发射，遇到目标后产生回波，回波的频率随目标的运动速度发生改变。若目标朝着雷达的方向运动，则反射电磁波的频率会增加；若目标背离雷达方向运动，则反射回来的电磁波频率也会随之减小。

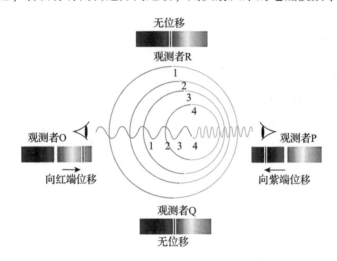

图 5 – 21　多普勒原理

根据多普勒原理，雷达用调频连续波进行频率扫描（图 5 – 22）。发射频率为 f_1，反射频率为 f_2，目标的径向相对速度为 v_R，多普勒频移为 Δf_d。

$$f_2 = f_1 + \frac{2 v_R}{c} f_1 \tag{5 – 9}$$

已知发射信号和接收信号的频率差即为多普勒频移 Δf_D：

$$\Delta f_D = f_2 - f_1 = \frac{2 v_R}{c} f_1 \tag{5 – 10}$$

则目标径向相对速度 v_R：

$$v_R = \frac{c}{2 f_1} \Delta f_D \tag{5 – 11}$$

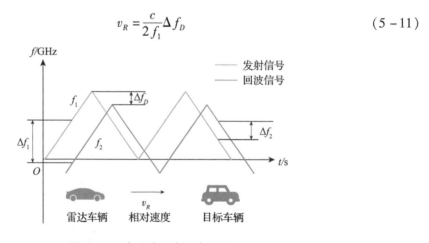

图 5 – 22　毫米波雷达测速原理图

(3) 毫米波雷达的角度测量原理

雷达的角度测量需要两个或两个以上并排放置的接收天线，采用比相法，根据两个雷达之间的距离 d 和工作波长 λ，对比两个接收天线接收到的信号的相位差 $\Delta\varphi$，来获得目标的相对方位角。

目标车辆的方位角 θ 通过车载毫米波雷达接收天线 1 和接收天线 2 之间的几何距离 d，和两个天线收到的反射回波的相位差 $\Delta\varphi$，采用三角函数计算得到（见图 5 - 23）：

$$\theta = \arcsin \frac{\lambda \Delta\varphi}{2\pi d} \tag{5 - 12}$$

式中，λ 是毫米波雷达工作频率对应的波长。

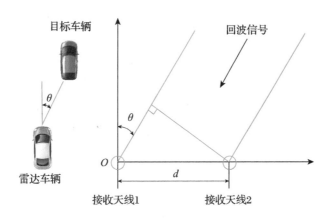

图 5 - 23　毫米波雷达角度测量原理图

5.2.2　毫米波雷达建模方法

毫米波雷达的建模需要考虑的因素较多，而这直接决定了模型的精度和复杂程度。因此，如何有选择性地考虑其中重要且关键因素是雷达建模的基本思路。

面向汽车智能驾驶仿真测试的雷达模型应满足以下基本需求：

1）能够反映雷达的目标检测、目标反射率属性，并正确处理空间物体的遮挡关系；能够反映雷达的距离、速度和方位角测量功能，体现雷达的检测功能。

2）能够反映环境因素对雷达检测过程的影响，以及引起的检测信号缺失、误差、不完整，干扰和噪声现象，具备足够的模拟逼真度。

3）能够反映不同雷达类型和参数对雷达检测功能与性能的影响，具备较高的计算效率，支持实时仿真。

毫米波雷达有不同的建模方法。下面简单地介绍基于几何模型与物理模型相结合的建模方法，毫米波雷达模型架构如图 5 - 24 所示。

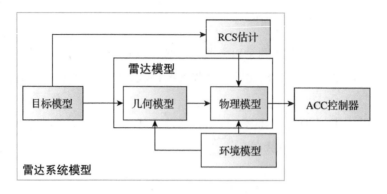

图 5-24　毫米波雷达模型架构

雷达系统模型除了雷达外，还包括目标模型和环境模型。目标模型主要指对雷达检测范围内的物体建模，包括交通车辆、交通标志、房屋建筑、行人等；环境模型则指对护栏、大地、树木草丛、雨雪天气等的建模。雷达散射面积是用于表征目标物体对电磁波反射强度的物理量，一般可采用查表或测量方法近似得到，也可采用有限元离散或等效计算方法估计得到。

雷达模型的输出为雷达检测的目标信息，即相对距离、相对速度和方位角等。

雷达模型可综合考虑其空间的几何特性和电磁波传播的物理特性。

(1) 几何模型

雷达检测首先可以简化视为空间的几何问题，即将雷达发射的电磁波波束抽象为空间锥体（视锥），将场景中感兴趣目标抽象为包围盒；这样，雷达的目标检测过程即类似于雷达波束的视锥与目标包围盒在空间的相交问题。

将目标包围盒以一系列预先定义的特征点表达，如顶点、棱边、曲面等特征点集（Points of Shape Characteristics，简称PSC），则雷达的检测过程可转化为雷达视锥"照射"目标PSC的问题（图5-25），其中被照射到的PSC应满足两个条件：①位于雷达视锥内；②没有被遮挡，即没有任何物体或PSC位于雷达视锥顶点至该PSC的连线上。

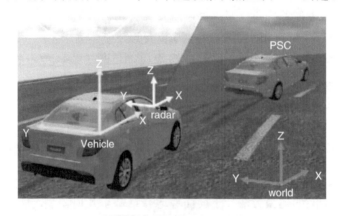

图 5-25　特征点集示意图

雷达的电磁波波束或视锥可表达为椭圆锥体和平面包围形成的封闭空间锥体，由三个特征参数表征，分别是水平视场角 α、垂直视场角 β、最大距离 R，满足以下不等式组：

$$\begin{cases} \dfrac{x^2}{\left(y\tan\dfrac{\alpha}{2}\right)^2} + \dfrac{z^2}{\left(y\tan\dfrac{\beta}{2}\right)^2} \leqslant 1 \\ y \leqslant R \end{cases} \quad (5-13)$$

式中，x、y、z 是一个空间点的三维坐标。

在几何模型中，雷达对周围场景探测就是通过不断剔除场景中的目标物体特征点，留下被雷达"照射"到的点集的过程。目标的车辆包围盒如图 5-26 所示。

雷达视锥与包围盒的检测可处理为三角面元求交，如图 5-27 所示。

图 5-26　车辆包围盒

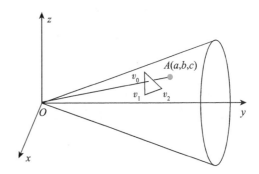

图 5-27　三角面元求交示意图

(2) 物理模型

雷达的物理模型反映的是基于电磁学的天线波束模型，包括电磁波的传播、散射过程。考虑到目标物体的三维尺寸远远大于电磁波波长，可采用光学方法来处理电磁波，以简化电磁场的计算并比较准确地反映电磁波的工作特性。

雷达在实际环境中从产生电磁波到最终处理得出目标信息，各环节都存在许多不理想因素，例如 RF 损耗、杂波干扰、量化噪声等。因此，雷达建模可从几何模型入手，建立理想情况下雷达的目标检测与测量，并在几何模型的基础上，通过模拟实际雷达信号处理流程人为地添加噪声（模拟实际雷达系统各环节的不理想因素），以增加模型的逼真度。

汽车毫米波雷达物理模型的建模如图 5-28 所示。由几何模型和 RCS 估计模块共同给出的参数定义了物理模型的输入，假设经过几何模型筛选，即处于雷达探测范围且未被遮挡的目标物体有 I 个，则这些目标物体由距离、径向速度、方位角、RCS 定义，即 $\{(R_i, v_i, \theta_i, \sigma_i)\,|\,i = 1, \cdots, I\}$。

这些几何模型输出数据作为物理模型的输入首先用来构造时域上的差拍信号，每一个目标物体都会产生一个对应的时域差拍信号，将这些时域信号求和，再叠加高斯白噪声（Additive Gaussian White Noise，简称 AGWN），模拟信号数字化过程中产生的量化噪声、非理想的频率合成器和混频器等产生的信号相位噪声以及收发回路处的热噪声，其大小用

图 5-28 参数框中的均值 μ 和标准差 ρ 来表示。

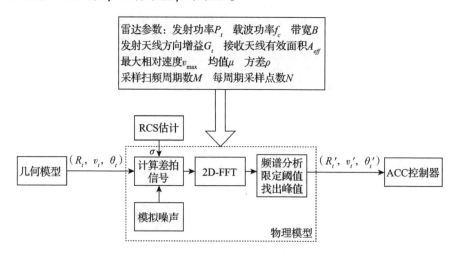

图 5-28　毫米波雷达建模流程

然后经过 2DFFT 变换到频域进行频谱分析，设立恒虚警阈值 CFAR（Constant False Alarm Rate），当信号幅值大于所设定的阈值时，认为其为目标物体产生的回波信号；当信号幅值小于所设定的阈值时，认为其为地面等杂波或噪声信号，将其置零以简化计算。最后找到所有峰值，存储峰值 ID 及其对应的行列值，根据公式计算出相应目标物体的距离、速度和方位角。

5.2.3　雷达模型应用

为展示雷达建模的应用，选取毫米波雷达参数如下：载频 77GHz、带宽 1000MHz、发射功率 10mW、天线增益 1、有效面积 $1m^2$，连续采样 256 个周期，每周期采样 1024 点，可检测的最大速度为 50m/s，计算得到的速度分辨率为 0.39m/s，距离分辨率为 0.15m。同时，设定场景中三个输入目标物体，其理想输入信息和雷达物理模型探测到的仿真结果如图 5-29 所示，仿真结果与理想真值接近，展示了雷达模型一定的仿真置信度。图 5-29 下方左侧是当场景中有三个目标物体时雷达接收到的回波信号在时域上的波形，右侧是经

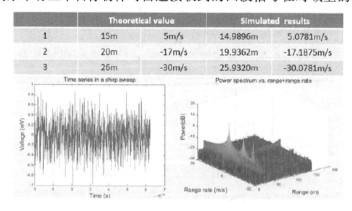

	Theoretical value		Simulated results	
1	15m	5m/s	14.9896m	5.0781m/s
2	20m	-17m/s	19.9362m	-17.1875m/s
3	26m	-30m/s	25.9320m	-30.0781m/s

图 5-29　毫米波雷达仿真应用

过 2DFFT 变换到频域上的波形，可明显看出有三个峰值，这三个峰值便是由场景中三个目标物体的回波产生的，而其余没有明显峰值较低的区域则是由噪声杂波等造成的。

5.3 激光雷达建模

激光雷达（Lidar）是汽车智能驾驶重要的环境传感器。与像机相比，其工作不受光照条件的影响，具有良好的抗干扰能力；与毫米波雷达相比，具有较高的分辨率和灵敏度，可以实现对目标的检测、辨识与快速跟踪等需求。

5.3.1 激光雷达工作原理

激光雷达主要由发射机、接收机和信号处理三部分组成。发射机作为激光雷达信号的发射源，包含激光发射器、调制器、激光电源等关键元器件。发射机能产生并发射具有特定波长和波形的激光信号，经目标反射后由接收机接收，再经光电转换等处理，得到目标信息。

激光的产生原理如图 5-30 所示。当一个具有能量为 $h\nu$（h 是普朗克常数，为 $6.62607015 \times 10^{-34}$ J·s；ν 表示辐射频率）的光子与处于高能级 E_2 的原子系统相互作用时，原子系统被驱动到低能级 E_1，即 $h\nu = E_2 - E_1$，并且两个光子从系统中退出。发射的光子在各个方面与激发光子完全相同，这些光子又可以引起另一个受激发射事件，导致四个光子发射。这一过程的持续进行导致连锁反应，以这种方式发射的光子各种状态完全一致，便形成了激光。

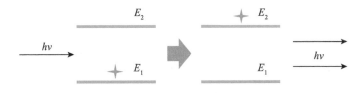

图 5-30 激光的产生原理

激光雷达在汽车智能驾驶上主要用于测距和点云成像，以获取目标物体的信息。在测距方面，直接飞行时间和连续波振幅调制相位是两种典型的方法。

(1) 直接飞行时间（Direct Time of Flight，简称 TOF）

TOF 探测原理可描述为从发射机发射激光，到接收机捕获目标物反射的能量，根据整个过程耗费的时间确定激光雷达与目标物之间的距离（图 5-31），可计算为

$$d = \frac{tc}{2} \tag{5-14}$$

式中，d 是激光雷达与目标物之间的距离；t 是激光从发射到接收的时间；c 是光速。

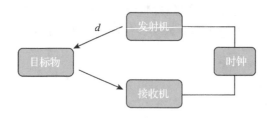

图 5-31 TOF 探测原理示意图

(2) 连续波振幅调制相位 (Phase - Based AM - CW)

这种方法的工作原理是根据激光雷达的输出信号与接收信号之间的相位差计算探测距离 (图 5-32)。相位差可表示为

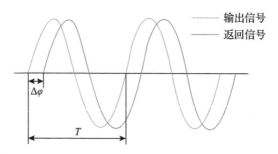

图 5-32 输出信号与接收信号之间的相位差

$$\Delta\varphi = 2\pi ft = \frac{4\pi d}{Tc} \tag{5-15}$$

得到探测距离的表达式为

$$d = \frac{Tc\Delta\varphi}{4\pi} \tag{5-16}$$

式中，T 是信号周期；t 是激光从发射到接收的时间；c 是光速；$\Delta\varphi$ 是输出信号与接收信号之间的相位差。

激光雷达在实际探测过程中会受到诸多因素的影响，激光的传输衰减是主要问题。光束在传播过程中遇到大气分子或气溶胶时，其能量会被吸收并发生散射现象，使得接收机接收到的激光能量不足，无法正确识别目标，因此需要建立激光雷达的功率衰减模型。

5.3.2 激光雷达建模

(1) 激光雷达的理想点云模型

激光雷达的数据通过点云的形式呈现。点云模型能根据虚拟环境中的目标全局位置、主车全局位置、目标车的位置、激光雷达的视野角来输出目标的相对位置。

理想点云模型包括三个关键部分 (图 5-33)：

1) 目标模型，将虚拟目标的几何参数化，描述形状特征并定义关键点，目标可以根据计算需求采用包围盒或更复杂的多面体包络来描述。

2）激光雷达光锥模型，将雷达包络或单束探测光束几何参数化，定义探测范围，可采用直线、棱锥和圆锥等抽象表示。

3）环境模型，主要描述主车和目标车间的相对位置关系。

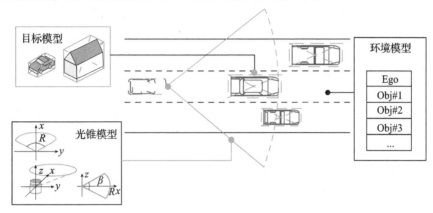

图 5-33　激光雷达的理想点云模型[5]

激光雷达的目标几何模型的求解分为 4 个步骤：

1）场景裁剪：根据激光雷达的光锥模型和目标模型快速筛选环境中与光锥相交的物体作为潜在目标。

2）可见判断：根据目标模型的关键点排除不能被激光雷达扫描的潜在目标。

3）遮挡判断：根据潜在目标在环境中的位置以及目标的关键点，排除被遮挡的潜在目标。

4）位置计算：计算余下的潜在目标在激光雷达坐标下的位置信息。

(2) 激光雷达的功率衰减模型

激光雷达的功率衰减模型，可量化为描述不同天气条件下对激光雷达带来的功率衰减影响。通过对雨、雪、雾和霾等天气因素建模，确定不同环境条件下激光雷达的探测极限距离。激光雷达的探测能力可以从能量的角度来描述激光雷达的作用距离。

激光雷达的功率衰减方程可表示为[6]

$$P_R = \frac{P_T G_T}{4\pi R^2} \frac{\sigma}{4\pi R^2} \frac{\pi D^2}{4} \eta_{Atm} \eta_{Sys} \tag{5-17}$$

式中，P_R 是接收激光功率（W）；P_T 是反射激光功率（W）；G_T 是发射天线增益；σ 是目标散射截面；D 是接收孔径（m）；R 是激光雷达到目标的距离（m）；η_{Atm} 是单程大气传输系数；η_{Sys} 是激光雷达的光学系统的传输系数。

发射天线的增益可表示为

$$G_T = \frac{4\pi}{\theta_T^{\,2}} \tag{5-18}$$

$$\theta_T = \frac{K_a \lambda}{D} \tag{5-19}$$

式中，θ_T是发射激光的带宽；λ 是发射激光的波长；K_a是孔径透光常数。

综上整理得到

$$P_R = \frac{P_T D^4 \eta_{Sys}}{16\,\lambda^2 K_\sigma^{\,2} R^4}\eta_{Atm}\sigma \tag{5-20}$$

用最大可探测距离来表示在一定的探测条件下，激光雷达可探测到物体的最远距离。若通过几何模型求解出物体或点的距离大于最大可探测距离，则将其作为不可见的目标。最大探测距离出现在回波功率为激光雷达接收机可探测功率最小时。最大探测距离$R_{\max}$可表示为

$$R_{\max}^4 = \frac{P_T D^4 \eta_{Sys}\eta_{Atm}\sigma}{16\,\lambda^2 K_\sigma^{\,2} P_{Rmin}} \tag{5-21}$$

当激光雷达的探测目标大于雷达光斑时，目标可看作扩展目标。扩展目标的目标散射面积与传输距离 R、目标平面反光系数ρ_T以及雷达的波束发散角φ有关，即：

$$\sigma = \pi\,\varphi^2 R^2 \rho_T \tag{5-22}$$

将 σ 和η_{Atm}代入激光雷达作用距离方程，得到

$$R_{\max}^2 = \frac{P_T D^4 \eta_{Sys}\rho_T \exp\,(\,-2\gamma\,R_{\max})}{16\,\lambda P_{Rmin}} \tag{5-23}$$

令 $A = \dfrac{P_T D^4 \eta_{Sys}}{16\,\lambda P_{Rmin}}$，可以将激光雷达的最大可探测距离看作系统常数 A、目标反射率ρ_T和衰减系数γ 的函数。对于特定雷达，A 是定值，ρ_T 与探测目标的属性有关，γ 则与传播途径有关，在不同的天气条件下，衰减系数 γ 有所不同。

大气衰减系数是波长的函数，由环境中的大气分子和气溶胶决定[7]：

$$\gamma(\lambda) = \gamma_{molecules}(\lambda) + \gamma_{aerosol}(\lambda) \tag{5-24}$$

式中，$\gamma_{molecules}$是大气分子带来的衰减系数；$\gamma_{aerosol}$是气溶胶带来的衰减系数。

大气分子衰减系数和气溶胶衰减系数与天气状况有关，影响激光的波长。当前市面上常见的激光雷达的波长为905nm，当波长大于800nm时，国际电信联盟无线电通信组建议忽略不计大气分子的瑞利散射对信号的损耗，故对于905nm波长的激光，大气气体分子引起的散射和吸收损耗可以不考虑。因此衰减系数可以近似看作气溶胶带来的衰减系数$\gamma_{aerosol}$。

在物理模型中按照天气来对衰减模型进行建模，衰减系数可表示为

$$\gamma(\lambda) = \gamma_{haze}(\lambda) + \gamma_{fog}(\lambda) + \gamma_{rain}(\lambda) + \gamma_{snow}(\lambda) \tag{5-25}$$

式中，$\gamma_{haze}(\lambda)$ 是霾的衰减系数；$\gamma_{fog}(\lambda)$ 是雾天衰减系数；$\gamma_{rain}(\lambda)$ 是雨天衰减系数；$\gamma_{snow}(\lambda)$ 是雪天衰减系数。

(3) 考虑天气噪点的物理模型

当目标不存在时，激光雷达仍然检测到返回信号，称之为"虚警"。虚警的产生是由于大气分子或雨雪等天气粒子的反射生成干扰光束，接收器将目标物的反射光束与这些干扰光束混淆，形成了错误的点云数据或噪点。因此，激光雷达建模时，还需考虑虚警噪点

问题，如图 5 - 34 所示。

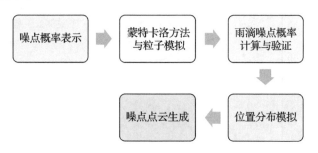

图 5 - 34　激光雷达的虚警噪点建模

5.3.3　激光雷达模型的应用

本小节对集成在 PanoSim 模拟仿真系统中的激光雷达模型的目标模拟和点云模拟结果进行测试分析，以说明其建模效果。

(1) 目标模拟实验

在主车前方安装激光雷达传感器（图 5 - 35），配置参数：探测范围 0.5 ~ 200m、旋转频率 5Hz、雷达线数 32 线。配置静止的障碍车于主车正前方 45m 处，设置主车以 20km/h 的速度接近。

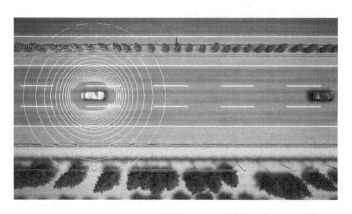

图 5 - 35　激光雷达传感器

用激光雷达模型探测出的目标车车尾位置与两车在全局坐标下的位置差作对比，仿真结果如图 5 - 36 所示。图中两车真实质心距离和实测距离（车尾的距离）之间的偏移是由于车辆质心和车辆目标模型中车尾包络的位置差。

(2) 点云模拟

为了显示点云模拟结果，在虚拟仿真环境中在主车的前方和后方分别添加静止车辆障碍物。在主车上安装 100 线激光雷达，配置参数：探测范围为 0.5 ~ 200m、旋转频率 5Hz，其中实验场景和点云效果如图 5 - 37 所示。

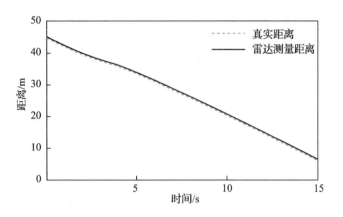

图 5-36 模型结果对比：相对距离与两车实际距离

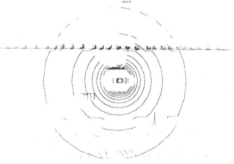

图 5-37 点云模拟工况

5.4 超声波雷达建模

超声波雷达是一种常用的车载测距传感器，主要用于倒车、自动泊车、盲点检测等低速应用场景，也是一种低成本和多功能的解决方案。与毫米波雷达不同，超声传感器采用超声波信号（振动频率高于20kHz的声波）。超声波雷达具有频率高、波长短、绕射现象小等特点，特别是方向性较好且能够成为射线而定向传播，这种物理特性有利于对透明障碍物和高反射性表面的检测。

5.4.1 超声波雷达工作原理

超声波雷达（图 5-38）通过传输介质发送超声波脉冲，遇到目标后反射回波信号，接收回波信号后采用飞行时间技术，利用声速 c 和回声到达时间 t 计算目标距离 S：

$$S = \frac{t-c}{2} \times v_{声} \qquad (5-26)$$

图 5-38 超声波雷达工作原理

目前，40kHz 和 58kHz 是车载超声波雷达常用的两个频带。

5.4.2　超声波雷达建模

超声波雷达建模方法主要分为机理建模法、综合建模法、实验建模法三类。超声波雷达模型要实现的功能包括确定检测范围内能够检测到给定目标、分析已检测目标、输出相关目标位置/距离信息。

基于物理机理的建模方法是超声波雷达建模的常用方法，其模型结构（图 5-39）主要分为传感器建模、传播介质建模、检测目标建模三个部分[8]。

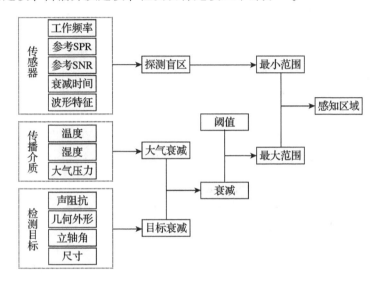

图 5-39　超声波雷达模型结构

(1) 超声波传感建模

超声波雷达传感器本质就是将 18kHz 频率以上的超声波信号转化为电信号，同时发送和接收信号。超声波雷达的特性主要与定向功能、振铃时间和声压级有关。

1）定向功能：超声波雷达的定向性与发出超声波的振动表面大小、形状、振动频率有关。发射机直径较小时，可以在相同频带上实现更好的定向性。较宽的水平定向性可以用更少的传感器提供更宽的覆盖范围，而较窄的垂直定向性则可以减少来自地面回波的影响，从而提高传感器的可用性。

2）振铃时间：驱动换能器后会产生振铃效应，这将需要一些时间使能量衰减。当尝试测量距离太近时，回波信号可能会被衰减信号掩盖，因此振铃时间也称为"盲区"，而感应区是可以检测到目标的位置。

3）声压级：指声音相对于参考值的 RMS 声压的对数度量，可表示为

$$\mathrm{SPL} = 20 \lg \frac{P_{rms}}{P_{ref}} \qquad (5-27)$$

它表征超声波雷达发射和接收的声级，通常以人耳可以听到的最安静的声音（1kHz）

为参考基准。

(2) 传播介质建模

空气是超声波的主要传输介质，由于大气条件复杂而导致传输过程中出现的衰减称为大气衰减。大气衰减会导致超声波的声压（Sound Pressure Level，简称 SPL）急剧损失，影响传感区域，是超声波传输介质建模的关键。大气衰减主要受温度、湿度和大气压要素的影响。

声速会在不同温度下发生变化，并遵循以下公式：

$$c_{sound} = 331.4 \sqrt{1 + \frac{T}{273.15}} \tag{5-28}$$

基于振铃时间可利用 $(T_{ringing} \times c_{sound})/2$ 计算超声波雷达的最小检测范围。例如，在室温下，振铃时间为 1.4ms，最小检测范围为 24cm。

声压级（SPL）在传感器系统中表示为

$$SPL_r = SPL_t - 20\lg\frac{2R}{R_0} - 2\alpha R + SPL_\alpha \tag{5-29}$$

式中，SPL_r 是收到的声压级；SPL_t 是在参考范围 R_0 处传输的声压级；R 是检测到的目标范围；α 是周围环境引起的衰减系数；SPL_α 是目标吸收的声压级。

衰减系数由温度、湿度和大气压共同作用。α 的表达式如下[4]：

$$\alpha = \frac{p_s}{p_{s0}}F^2\left\{1.84 \times 10^{-11}\left(\frac{T}{T_0}\right)^{1/2} + \left(\frac{T}{T_0}\right)^{-5/2}\left[0.01278\frac{e^{-2239.1/T}}{F_{r,O}+F^2/F_{r,O}} + 0.1068\frac{e^{-3352/T}}{F_{r,N}+F^2/F_{r,N}}\right]\right\} \tag{5-30}$$

式中，采用频率缩放方法将频率重新定义为 $\frac{1}{p_s}$，可得

$$F = \frac{f}{p_s}, \quad F_{r,N} = \frac{f_{r,N}}{p_s}, \quad F_{r,O} = \frac{f_{r,O}}{p_s} \tag{5-31}$$

式中，f 是超声波雷达的工作频率（Hz）。

$$F_{r,O} = 24 + 4.40 \times 10^4 h\frac{0.02+h}{0.0391+h} \tag{5-32}$$

$$F_{r,N} = \left(\frac{T}{T_0}\right)^{1/2}\left\{9 + 280h \times \exp-4.17\left[\left(\frac{T}{T_0}\right)^{1/3}-1\right]\right\} \tag{5-33}$$

式中，T_0 是参考大气温度（293.15K）。

h 是绝对湿度，用相对湿度 h_r 表示为

$$h = h_r\frac{p_{sat}}{p_s} \tag{5-34}$$

$$p_{sat} = 25.27 - \frac{2948}{T} - 5.31\lg T - \frac{29850}{10^{0.03T}} + \frac{27.03}{10^{1311/T}} \tag{5-35}$$

式中，T 是大气温度（K）；h_r 是相对湿度（%），不会超过 100%；p_s 是大气压。

(3) 检测目标建模

不同的目标会导致超声波不同程度的衰减，可以根据其物理特性、尺寸、几何形状和位置对目标进行分类。当超声波进入具有不同物理特性的介质并从中反射时，入射超声波会出现衰减，这种由不同物理特性引起的衰减称为声阻抗（图 5-40）。

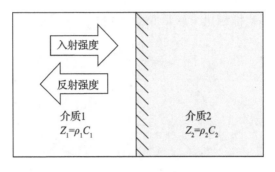

图 5-40　声阻抗

ρ_1—介质 1 的密度　ρ_2—介质 2 的密度
C_1—介质 1 中的声波速度　C_2—介质 2 中的声波速度

$$\frac{I_r}{I_i} = \left(\frac{Z_2 - Z_1}{Z_2 + Z_1}\right)^2 \tag{5-36}$$

式中，I_i 是入射强度；I_r 是反射强度；Z_1 是介质 1 的声阻抗；Z_2 是介质 2 的声阻抗。

超声波雷达除物理性质外，其尺寸和位置同样重要，目标类型可分为 3 类（图 5-41）：

1）#1 目标大于波束宽度。

2）#2 目标小于波束宽度，并且其中心垂直位于超声波束的轴上。

3）#3 目标小于波束宽度，并且其中心偏离超声波束的轴。

波束宽度可以通过波束角度和目标范围的几何计算获得。较大的目标 #1 可以看作是超声波雷达的平坦表面，相当于从虚拟换能器在反射板后面等距离处产生的目标声音。

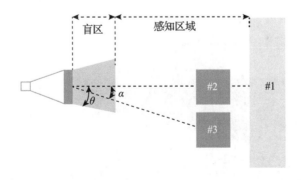

图 5-41　超声波雷达目标分类

目标强度（Target Strength，简称 TS）表示当波束从具有特定大小和几何形状的物体反射时的功率损耗，可用于描述小目标的衰减结果。通常，很难获得复杂目标的 TS 的准确值，可以将目标近似为简单的几何形状进行估算。

波束模式（图5-42）是超声波雷达的重要特征，用于描述传感器相对灵敏度与空间角度的关系。在图5-41中，#2目标（α = 0°）产生回声，该回声的幅度不会降低，而#3目标则由于其离轴位置而受到衰减。如果#3目标在偏离轴30°的位置，根据波束方向图，回声将减小2.5dB，因此当回声到达接收器时，产生的合成声压将再减小2.5dB。因此，与直接位于声轴上的同一目标相比，总共可减少5dB。

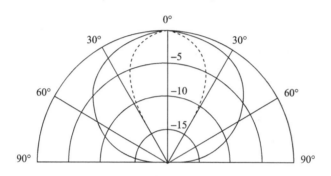

图5-42　超声波雷达波束方向示例图

综上，由传感模型、传输介质模型和目标特征模型能够构建出一个完整的超声波雷达物理特性模型并应用于虚拟仿真平台上。其中，最小范围可由盲区确定；综合传输介质和目标导致衰减，并基于参考SNR设置适当的阈值，可以确定最大范围；通过确定最大和最小范围来获得感知范围。

5.4.3　模型仿真应用

基于超声波雷达的物理特性，PanoSim仿真系统中建立了一种高保真超声波传感器模型，可反映障碍物检测、距离测量和信号衰减等功能。应用超声波雷达传感的自动泊车功能应用场景如图5-43所示。主车可通过前后四个方向安装的超声波雷达测量附近停放的车辆与其自身之间的距离，实现对泊车位的检测和搜寻。在仿真系统中，使用了四个58kHz超声波雷达，并设置了1.4ms的衰减时间，水平和垂直视图的波束方向均为80° × 34°，如图5-43所示。

图5-43　应用超声波雷达的自动泊车功能

当检测到合适的停车位后，主车停在其右侧的黄色车外后开始倒车。

图 5 - 44 中传感器测量的距离显示主车经过了一个不可用的停车位后，发现一可用车位，并开始机动停车过程。根据后部传感器的检测结果，主车在距后部车辆 1.5m 处停止。

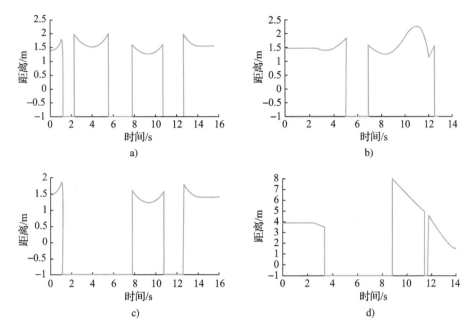

图 5 - 44　超声波传感器模型输出

a）左传感器　b）右传感器　c）前传感器　d）后传感器

5.5　GPS 定位建模

5.5.1　GPS 工作原理

全球定位系统（Global Positioning System，简称 GPS）是 20 世纪 70 年代由美国陆海空三军联合研制的空间卫星导航定位系统。GPS 主要由空间星座部分、地面监控部分、用户设备部分组成。空间星座部分由 24 颗卫星组成，其中包括 3 颗备用卫星。地面监控部分由一个主控站、三个注入站和五个监测站组成。用户设备部分的核心是 GPS 接收机，主要由主机、天线、电源和数据处理软件等组成，主要功能为接收卫星发播的信号，获取定位的观测值，提取导航电文中的广播星历、卫星星钟改正等参数，经数据处理而完成导航定位工作。

按定位方式，GPS 定位可分为单点定位、差分定位（相对定位）两种。

(1) 单点定位方法

单点定位是根据一台接收机的观测数据来确定接收机位置定位的方式，采用伪距观测量，可用于车船等的概略导航定位。

伪距测量的基本原理如图 5 - 45 所示。卫星在 WGS - 84 坐标系下的坐标为 $(x^{(n)}, y^{(n)}, z^{(n)})$，

接收机坐标为 (x_u, y_u, z_u)，总误差 δt_u，则 GPS 定位算法的本质就是求解以下的四元非线性方程组[9]：

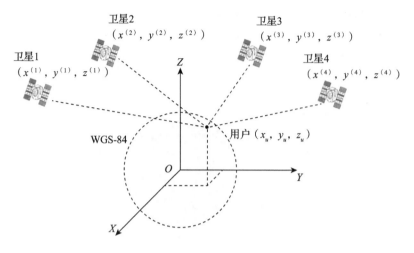

图 5-45 GPS 伪距定位原理

$$\begin{cases} \rho^{(1)} = \sqrt{(x^{(1)} - x_u)^2 + (y^{(1)} - y_u)^2 + (z^{(1)} - z_u)^2} + \delta t_u \\ \rho^{(2)} = \sqrt{(x^{(2)} - x_u)^2 + (y^{(2)} - y_u)^2 + (z^{(2)} - z_u)^2} + \delta t_u \\ \rho^{(3)} = \sqrt{(x^{(3)} - x_u)^2 + (y^{(3)} - y_u)^2 + (z^{(3)} - z_u)^2} + \delta t_u \\ \rho^{(4)} = \sqrt{(x^{(4)} - x_u)^2 + (y^{(4)} - y_u)^2 + (z^{(4)} - z_u)^2} + \delta t_u \end{cases} \quad (5-37)$$

GPS 单点定位的精度受多种因素的影响（图 5-46）。GPS 观测量中包含了卫星和接收机时钟差、大气传播延迟、多路径效应等误差影响，在定位计算时还会受到卫星广播星历

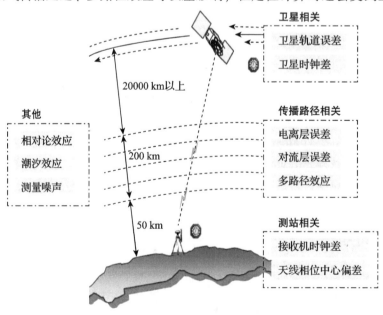

图 5-46 GPS 定位误差

误差的影响。

基于引入误差的伪距观测方程，主要考虑卫星星历误差、电离层延时误差、对流层延时误差、多路径效应和接收机噪声，即：

$$\rho^{(n)} = \sqrt{(x^{(n)} - x_e)^2 + (y^{(n)} - y_e)^2 + (z^{(n)} - z_e)^2} + C^{(n)} + E^{(n)} + I^{(n)} + T^{(n)} + M^{(n)} + R^{(n)}$$

$$(5-38)$$

$$\rho^{(n)} = \rho_c^{(n)} + C^{(n)} + E^{(n)} + I^{(n)} + T^{(n)} + M^{(n)} + R^{(n)} \tag{5-39}$$

式中，各误差符号均以其英文单词的首字母表示。通过求解引入误差的伪距方程，可得到接收机的定位坐标。

(2) 差分定位方法

差分定位方法是将 GPS 接收机安置在已知坐标的测站上（称基准站）进行定位观测。根据基准站已知精密坐标，计算出基准站到卫星的有关改正数（距离、位置或载波相位），并由基准站将这一改正数实时发送出去。用户接收机在进行 GPS 定位观测时，也接收基准站的改正数，对定位结果进行改正，从而提高定位精度。差分技术分为位置差分、伪距差分、相位差分等，都是通过卫星信号与已知真实坐标对比来实现。

GPS 的差分定位系统由基准站、流动站两部分组成。其工作原理（图 5-47）是将一台接收机置于基准站上，另一台或几台接收机置于流动站上，基准站和流动站同时接收同一时间、同一 GPS 卫星发射的信号；基准站所获得的观测值与已知位置信息比较，得到 GPS 差分改正值；然后将这个改正值通过无线电数据链电台及时传递给共视卫星的流动站，来精化其 GPS 观测值，最终得到经差分改正后的流动站准确实时位置。基准站包括基准站的 GPS 接收机及接收天线、无线电数据链电台及发射天线、12V 直流电源（60A）。

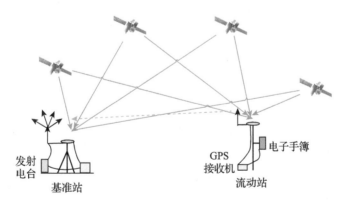

图 5-47　GPS 差分定位原理

GPS 差分定位观测模型为

$$\Phi = \rho + c(d_T - d_t) + \lambda N + d_{trop} - d_{ion} + d_{\rho ral} + \varepsilon(\Phi) \tag{5-40}$$

式中，Φ 是相位观测值（m）；ρ 是星站间的几何距离；c 是光速；d_T 是接收机钟差；d_t 是卫星钟差；λ 是载波相位波长；N 是整周未知数；d_{trop} 是对流层折射影响；d_{ion} 是电离层折射影响；$d_{\rho ral}$ 是相对论效应；$\varepsilon(\Phi)$ 是观测噪声。

5.5.2 GPS 建模

当 GPS 定位受到无意或恶意环境干扰时，不仅影响定位精度，而且可能导致故障，常常影响其定位的准确性、完整性、覆盖率和可靠性等。GPS 建模在仿真系统中逼真地模拟 GPS 定位功能和真实环境对 GPS 定位的影响。

GPS 建模流程如图 5-48 所示。以协调世界时（Coordinated Universal Time，简称 UTC）于 1993 年 7 月 1 日 0 时历元时间获取的卫星轨道数据，计算出 GPS 24 颗卫星的坐标位置。再根据用户坐标位置计算出可见卫星数目，计算可见卫星与用户之间的距离，加入误差模型，通过求解伪距方程计算出用户在地心地固坐标系下的坐标。最后通过坐标变换计算出用户的大地坐标。

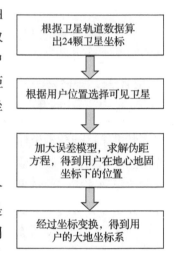

图 5-48　GPS 建模流程

(1) 卫星轨道模型

GPS 卫星星座由额定 24 颗卫星的星座组成。卫星位于 6 个地心轨道平面内，每个轨道 4 颗卫星。卫星的额定轨道周期是半个恒星日，即 11h58min。各轨道接近圆形，沿赤道以 60° 间隔均匀分布，相对于赤道面的倾斜角为 55°，轨道半径（即从地球质心到卫星的额定距离）约为 26600km。

将每条轨道抽象打开，在一个平面内伸平。地球赤道也类似地形成一个近似的平面环。每条轨道线的斜率表示相对于地球赤道平面的倾斜角为 55°，轨道平面相对于地球的位置由升交点的经度来确定，而卫星在轨道平面内的位置由平均近点角确定。升交点经度是每个轨道平面与赤道的交点，平均近点角是在轨道内的每颗卫星以地球赤道为基准的角位。以 UTC 1993 年 7 月 1 日 0 时历元时间为基准采用平面投影表示的卫星轨道如图 5-49 所示。

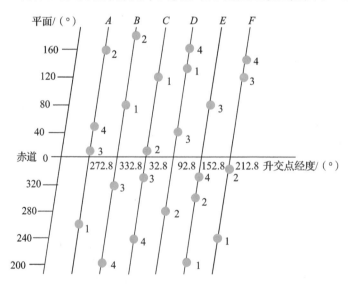

图 5-49　GPS 星座的平面投影

(2) 选择可见卫星

利用卫星 – 地心 – 用户所形成的张角，估算这颗卫星是否被地球阴影遮挡（图 5 – 50）。例如，卫星 – 地心 – 用户 1 形成的张角为锐角，两者间没有被地球遮挡；卫星 – 地心 – 用户 3 形成的张角为钝角，两者间被地球遮挡，无法收到信号；卫星 – 地心 – 用户 2 形成的张角为直角，这是一种临界情况，通常认为无法收到卫星信号。其中，卫星 – 地心 – 用户形成的张角用余弦定理计算。

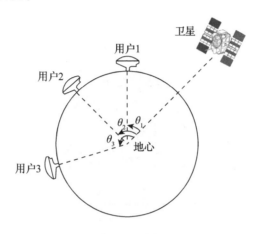

图 5 – 50　GPS 选择可见卫星

(3) 伪距误差模型

需要引入 GPS 测量过程中的误差模型。主要考虑卫星星历、电离层延时、对流层延时、多路径效应和接收机（Receiver）噪声等几种主要的因素误差。这些误差源的统计特性见表 5 – 1。

表 5 – 1　卫星定位误差源及其统计特性

误差源	均方差/m
卫星星历	2.1
电离层延时	4
对流层延时	0.7
多路径	1.4
接收机噪声	8.5

伪距误差模型采用引入误差源之后的伪距方程如下：

$$\rho^{(n)} = \sqrt{(x^{(n)} - x_e)^2 + (y^{(n)} - y_e)^2 + (z^{(n)} - z_e)^2} + C^{(n)} + E^{(n)} + I^{(n)} + T^{(n)} + M^{(n)} + R^{(n)}$$

$$(5 - 41)$$

$$\rho^{(n)} = \rho_c^{(n)} + C^{(n)} + E^{(n)} + I^{(n)} + T^{(n)} + M^{(n)} + R^{(n)} \qquad (5 - 42)$$

(4) 计算用户坐标

考虑到直接求解方程十分困难，采用数值计算方法例如牛顿迭代法近似求解，包括线性化、最小二乘法。具体过程如下：

估算用户位置得到坐标 (x_0, y_0, z_0)，用 $(\Delta x, \Delta y, \Delta z)$ 表示估计位置与真实位置偏移量：

$$\begin{cases} x_u = x_0 + \Delta x \\ y_u = y_0 + \Delta y \\ z_u = z_0 + \Delta z \end{cases} \quad (5-43)$$

设 $f(x_u, y_u, z_u) = \sqrt{(x^{(j)} - x_u)^2 + (y^{(j)} - y_u)^2 + (z^{(j)} - z_u)^2}$，并把它在 (x_0, y_0, z_0) 做一阶泰勒级数展开得

$$f(x_u, y_u, z_u)$$

$$= f(x_0, y_0, z_0) + \frac{\partial f(x_0, y_0, z_0)}{\partial x_0} \Delta x + \frac{\partial f(x_0, y_0, z_0)}{\partial y_0} \Delta y + \frac{\partial f(x_0, y_0, z_0)}{\partial z_0} \Delta z$$

$$= f(x_0, y_0, z_0) - \frac{x^{(j)} - x_0}{f(x_0, y_0, z_0)} \Delta x - \frac{y^{(j)} - y_0}{f(x_0, y_0, z_0)} \Delta y - \frac{z^{(j)} - z_0}{f(x_0, y_0, z_0)} \Delta z$$

$$(5-44)$$

对卫星 j 的观测方程线性化：

$$\rho^{(j)} = f(x_0, y_0, z_0) - \frac{x^{(j)} - x_0}{f(x_0, y_0, z_0)} \Delta x - \frac{y^{(j)} - y_0}{f(x_0, y_0, z_0)} \Delta y - \frac{z^{(j)} - z_0}{f(x_0, y_0, z_0)} \Delta z + c\tau_u$$

$$(5-45)$$

令

$$\begin{cases} \Delta \rho^{(j)} = f(x_0, y_0, z_0) - \rho^{(j)} \\ a_{xj} = \dfrac{x_j - x_0}{f(x_0, y_0, z_0)} \\ a_{yj} = \dfrac{y_j - y_0}{f(x_0, y_0, z_0)} \\ a_{zj} = \dfrac{z_j - z_0}{f(x_0, y_0, z_0)} \end{cases} \quad (5-46)$$

伪距观测方程转化为

$$\begin{cases} \Delta \rho^{(1)} = a_{x1} \Delta x + a_{y1} \Delta y + a_{z1} \Delta z - c\tau_u \\ \Delta \rho^{(2)} = a_{x2} \Delta x + a_{y2} \Delta y + a_{z2} \Delta z - c\tau_u \\ \qquad\qquad \cdots \\ \Delta \rho^{(n)} = a_{xn} \Delta x + a_{yn} \Delta y + a_{zn} \Delta z - c\tau_u \end{cases} \quad (5-47)$$

将式 $(5-47)$ 写成矩阵形式

$$\Delta\rho = \begin{bmatrix} \Delta\rho^{(1)} \\ \Delta\rho^{(2)} \\ \vdots \\ \Delta\rho^{(n)} \end{bmatrix} = \begin{bmatrix} a_{x1} & a_{y1} & a_{z1} & 1 \\ a_{x2} & a_{y2} & a_{z2} & 1 \\ \vdots & \vdots & \vdots & \vdots \\ a_{xn} & a_{yn} & a_{zn} & 1 \end{bmatrix} \begin{bmatrix} \Delta x \\ \Delta y \\ \Delta z \\ -c\,\tau_u \end{bmatrix} = H\Delta x \qquad (5-48)$$

如果只能观察到 4 颗卫星，即 $n=4$，则式（5-48）是根据线性方程组求解 4 个未知量的问题，且具有唯一解：

$$\Delta_X = H^{-1}\Delta\rho \qquad (5-49)$$

如果能观察到的卫星数量大于 4，即 $n>4$，式（5-48）是个超定方程组（即方程数量大于未知数的数量），可使用最小二乘法求解，形式为

$$\Delta_X = (H^T H)^{-1} H^T \Delta\rho \qquad (5-50)$$

5.5.3　GPS 模型应用

PanoSim 仿真系统中建立的 GPS 定位模型，输入见表 5-2。

表 5-2　GPS 定位模型输入

序号	参量描述（名称及详细说明等）
1	经度：当前位置真实的经度坐标（ground truth）
2	纬度：当前位置真实的纬度坐标（ground truth）
3	海拔：当前位置真实的海拔（ground truth）
4	速度：当前移动物体的真实速度（ground truth）

模型输出（模型调用函数输出参量）见表 5-3。

表 5-3　GPS 定位模型输出

序号	参量描述（名称及详细说明等）
1	时间戳：世界标准时间（UTC），格式为 hhmmss. sss
2	经度：dddmm. mmmm（度分）格式（前导位数不足则补 0）
3	纬度：ddmm. mmmm（度分）格式（前导位数不足则补 0）
4	海拔：天线离海平面的高度，-9999.9~9999.9m
5	卫星数量：从 00 到 12（前导位数不足则补 0）
6	速度：地面速率（000.0~999.9kn，前导位数不足则补 0）
7	水平精确度：纬度和经度等误差二次方和的开根号值

GPS 模型中的配置参数见表 5-4 和图 5-51。

表 5-4　GPS 模型中的配置参数

序号	参数名称	参数英文名称	国际标准单位	单位	数据类型	取值范围	默认值
1	安装位置	Mounting Position	米	m	double		0
2	输出频率	Output Frequency	赫兹	Hz	int	1~100	1
3	差分 GPS	Differential GPS			char	0/1	0

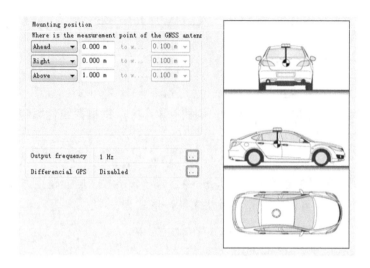

图 5-51　GPS 参数配置图

5.6　IMU 惯导建模

5.6.1　IMU 工作原理

　　惯性测量单元（Inertial Measurement Unit，简称 IMU）是惯性导航系统（Inertial Navigation System，简称 INS）的硬件基础，通常包含三个正交的陀螺仪和三个正交的加速度计，分别用于测量三轴角速度信息以及三轴加速度信息，可测得车辆的状态，例如角速度、加速度信息。IMU 通过对角速度的积分得到车辆的航向、俯仰和侧倾等角位移信息，通过对加速度的积分和二次积分可以求得车辆的速度和位置信息（图 5-52）。由于精度高且不依赖其他设施，惯性导航系统是一种完全自主的导航方式，在智能驾驶、航空航天、航海等领域的精确导航中广泛应用[11]。

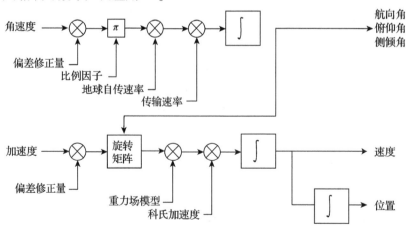

图 5-52　惯性导航原理

根据精度要求以及用途的不同，IMU 中陀螺仪通常采用微机械陀螺、光纤陀螺或激光陀螺，加速度计采用机械加速度计、振动梁加速度计或力平衡摆式加速度计。陀螺仪与加速度计分别以单体形式安装在六面体上。

基于 IMU 惯性传感器的 INS 是一种相对定位技术，是一种不依赖于外部环境信息的自主导航系统，可以提供 200Hz 以上带宽的导航信息，具有短时高精度特征，能够输出多种运动状态信息，包括位置、姿态、速度、加速度等。使用高精度的陀螺仪及惯性传感器的惯导系统精度高于航迹推算，但成本也相应增加。一方面，惯性导航的精度容易受陀螺仪漂移、标定误差、敏感度等因素的影响，以及导航算法中固有的积分特性会使误差随着时间累积，惯性导航系统的误差会逐渐无界发散。另一方面，惯性导航系统会涉及初始状态确定问题，因此对绝对位置姿态信息存在一定的依赖。因此，通常使用惯性传感器与 GPS 构成一种增效关系。这两种类型的定位方式通过绝对定位和相对定位方式的组合不仅能够克服单一传感器的性能缺陷，而且达到了更好的定位表现。当惯性传感器的精度下降或误差累计时，GPS 提供的有界精度不仅限制了导航误差，而且能够校准惯性传感器。

高精度的惯导系统 RT3000[10] 是一种常见的惯导系统（图 5-53）。该型产品定位精度能够达到 2cm，速度精度为 0.05km/h，能够提供车辆近似的绝对位置信息，例如高精地图采集车、试验车辆的精确位姿信息。

图 5-53　高精度 RT3000

5.6.2　IMU 误差模型

IMU 惯性传感器模型[11]由陀螺仪角速度传感器模型和加速度传感器模型两部分组成。惯性传感器模型不仅能准确地描述其传感的理想物理过程，还能反映真实的传感器误差特性。

(1) 传感器误差特性

1) 系统误差：分为系统零偏、标度因子误差、死区、量化误差、非正交误差以及不重合误差等。其中，系统零偏为传感器输入测量状态为零情况的下输出结果，标度因子误差为系统输入输出斜率与真实斜率存在的非线性或者不对称误差，死区误差为输入在一段范围内输出无响应的情况所产生的误差，量化误差为对测量模拟量进行数字化时离散化舍入过程造成的误差，而非正交误差以及不重合误差是源于传感器单体安装过程中三轴不正

交或者与安装系统载体坐标系轴偏差产生的。理论上系统误差可以通过一系列的校准进行补偿，对于较高精度的惯性测量单元需要在出厂前进行误差参数标定。

2）随机误差：随机误差一般分为逐次启动零偏、随机游走、标度因子不稳定以及白噪声等。其中逐次启动零偏表示每次运行时系统零偏的变化最大值，随机游走是由于温度变化等原因导致的每次运行时零偏随时间发生不稳定随机改变，标度因子不稳定常数为单次运行期间标度因子的随机变化范围，其通常也是由温度变化引起的，而白噪声是半导体器件的固有噪声，由电磁干扰或者电源噪声引起。

(2) 陀螺仪测量模型

根据陀螺仪的测量原理以及误差特性，角速率测量过程表述为

$$\tilde{\omega}_{ib}^{b} = \omega_{ib}^{b} + b_g + S_g\omega_{ib}^{b} + N_g\omega_{ib}^{b} + \varepsilon_g \tag{5-51}$$

式中，$\tilde{\omega}_{ib}^{b}$是陀螺仪实际测量矢量（°/h）；ω_{ib}^{b}是真实传感器角速度（°/h）；b_g是陀螺仪漂移矢量（°/h），ε_g是陀螺仪的噪声矢量（°/h）；S_g是标度因子矩阵；N_g是陀螺仪非正交矩阵。其中标度因子矩阵S_g和非正交矩阵N_g：

$$N_g = \begin{bmatrix} 0 & \theta_{g,xy} & \theta_{g,yz} \\ \theta_{g,yx} & 0 & \theta_{g,yz} \\ \theta_{g,zx} & \theta_{g,zy} & 0 \end{bmatrix} \tag{5-52}$$

$$S_g = \begin{bmatrix} S_{g,x} & 0 & 0 \\ 0 & S_{g,y} & 0 \\ 0 & 0 & S_{g,z} \end{bmatrix} \tag{5-53}$$

式中，$\theta_{g,xy}$、$\theta_{g,yx}$、$\theta_{g,yz}$、$\theta_{g,zx}$、$\theta_{g,zy}$是反映陀螺仪在各轴安装不重合度的小角度，例如$\theta_{g,xy}$表示陀螺仪x轴向安装基体的y轴正方向倾斜的角度；$S_{g,x}$、$S_{g,y}$、$S_{g,z}$是陀螺仪的标度因子。

(3) 加速度传感器测量模型

由加速度传感器与陀螺仪误差特性的分析可知，二者性能指标非常接近，且都存在零偏、标度因子误差以及随机游走等现象。加速度的测量过程可以描述为

$$\tilde{f}^{b} = f^{b} + b_a + S_1 f^{b} + S_2 f^{b} + N_g f^{b} + \delta_g + \varepsilon_a \tag{5-54}$$

式中，$\tilde{f}^{b}$是加速度测量矢量；f^{b}是真实的加速度矢量；b_a是加速度传感器的系统零偏矢量；S_1和S_2是线性以及非线性标度因子误差矩阵；N_g是表征加速度计各轴安装非正交程度的矩阵；δ_g是不规则重力加速度矢量；ε_a是加速度计随机噪声矢量。其中，矩阵S_1、S_2、N_a满足：

$$S_1 = \begin{bmatrix} S_{1,x} & 0 & 0 \\ 0 & S_{1,y} & 0 \\ 0 & 0 & S_{1,z} \end{bmatrix}$$

$$S_2 = \begin{bmatrix} S_{2,x} & 0 & 0 \\ 0 & S_{2,y} & 0 \\ 0 & 0 & S_{2,z} \end{bmatrix} \tag{5-55}$$

$$N_a = \begin{bmatrix} 0 & \theta_{a,xy} & \theta_{a,yz} \\ \theta_{a,yx} & 0 & \theta_{a,yz} \\ \theta_{a,zx} & \theta_{a,zy} & 0 \end{bmatrix}$$

式中，$\theta_{a,xy}$、$\theta_{a,yz}$、$\theta_{a,zx}$、$\theta_{a,zy}$ 是反映加速度计在各轴安装不重合度的小角度，例如 $\theta_{a,xy}$ 表示加速度传感器 x 轴向安装基体的 y 轴正方向倾斜的角度；$S_{2,x}$、$S_{2,y}$、$S_{2,z}$ 是加速度传感器的标度因子。

根据惯性传感模型分析可知，实际传感器测量误差与安装精度、标度精度、系统零偏以及随机误差都有关系。为满足车载 IMU 系统高精度的要求，通常采用校准技术消除大部分误差。模型与车辆动力学模型相结合，通过误差模型对仿真信号增加噪声来处理，以模拟高置信度的 IMU 输出信号。

第6章
多物理体在环实时仿真技术

  汽车智能驾驶仿真测试是其产品 V 模式研发的重要组成部分，即以需求为驱动、基于模型的开发方法，自顶向下分解设计、自底向上集成验证；借助模拟仿真技术，并通过软硬件等多物理体在环和人在回路等技术提升仿真测试的置信度，高效、安全、高质量地打通产品开发从概念构思到原型开发、到产品定型的整个研发周期，如图 6-1 所示。

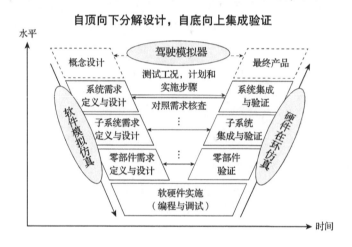

图6-1 汽车智能驾驶仿真测试软件平台

  模拟仿真是基于模型开发方法的重要技术手段。一方面，在产品构思、系统设计与分解过程中，可以利用软件模拟仿真平台大大加快产品前期的开发与迭代进度，不仅迭代效率高，而且成本低；另一方面，随着子系统或零部件硬件的完成，可以利用硬件在环仿真进一步提高仿真置信度、加快产品验证进度。这里的"硬件"可以广泛地包括汽车电子控制器、制动器或转向器等底盘系统、动力及其传动系统等。最后，可以利用驾驶模拟器实现人在回路的模拟仿真，加速对拟定型产品的主客观评价。

  模拟仿真技术建立在对物理世界高精度模拟和对数学方程高效数值仿真的基础之上。一方面，通过纯离线（软件）仿真、实时软硬件在环（或多物理体在环）仿真和包含驾驶员的人在回路仿真等仿真方法或驾驶模拟器等平台，借助于图形化或方框图建模语言、代码自动生成、快速原型等工具和理念，形成支持汽车智能驾驶系统开发的仿真测试工具链，以大幅度降低对实车测试的要求，也为实车测试与验证奠定关键的基础。

  仿真测试平台是支撑汽车智能驾驶技术与产品测试的重要基础。一方面，在产品研发的初级阶段，对仿真测试的模型精细度和仿真实时性要求均可适当降低，使得基于仿真软件平台的测试有其高效、快速和低成本优势；另一方面，随着产品研发进入原型和定型阶段，对仿真测试的模型精细度和仿真实时性要求也不断提高，使得基于多物理体在环、人在回路的实时仿真平台的测试有其精确、逼真并部分替代实车测试的效率、成本和安全优势。

产品研发初始阶段一般可以通过纯软件离线仿真，其仿真平台一般包括环境模型（道路、交通、气象等模型）、车辆模型以及车载环境传感器模型等；同时，还包括运行智能驾驶算法的计算平台，图6-2所示是汽车自动驾驶仿真测试软件平台（PanoSim）。仿真测试的快捷与便利性是非实时纯软件平台的特色与优势。

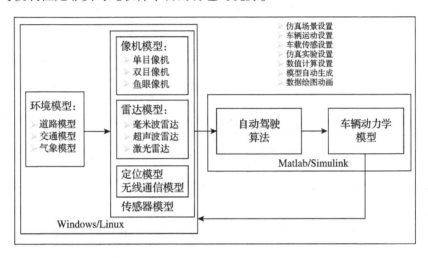

图6-2　汽车智能驾驶仿真测试软件平台

基于模拟仿真技术的仿真测试还可进一步支持实时软硬件在环、车辆在环（SIL/HIL/VIL）和驾驶员在环（DIL）等多物理体在环实时仿真测试。通过实时硬件等多物理体在环仿真，不断提升模拟仿真系统的置信度，提升模拟仿真系统与实车系统的衔接过渡，以支持仿真平台下汽车智能驾驶技术与产品的开发效率和质量。

图6-3所示是实时仿真环境下的汽车智能驾驶实时仿真测试平台（PanoSim-RT）。与其他诸多平台相似，它包含支撑仿真测试场景的环境模型、环境传感器模型、实时车辆动力学模型，以及相对应的多物理体在环仿真与驾驶模拟器系统等。

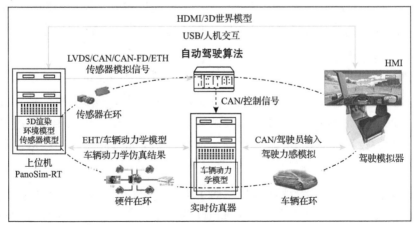

图6-3　汽车智能驾驶实时仿真测试平台

多物理体在环仿真（X In the Loop，简称 XIL）利用软硬件一体化技术将虚拟仿真与真实物体相结合，对汽车技术研发从概念设计、原型样机和系统验证的不同阶段和不同环节通过高效、安全的数字化和虚拟化技术实现有效研发测试和验证。多物理体在环仿真包括模型在环（Model In the Loop，简称 MIL）、软件在环（Software In the Loop，简称 SIL）、硬件在环（Hardware In the Loop，简称 HIL）、车辆在环（Vehicle In the Loop，简称 VIL）、人在回路及驾驶模拟器（Driver In the Loop，简称 DIL）等，并可延伸至其他子系统和部件等。

6.1　模型在环仿真（MIL）

6.1.1　模型在环仿真基本原理

模型在环（Model In the Loop，简称 MIL）是控制器开发初级阶段通常采用的仿真测试方式，通过闭环系统测试验证控制性能。传感器检测的被控对象状态及环境干扰作为控制器的部分输入信号，控制器计算的控制命令通过执行器来驱动被控对象，从而形成完整的闭环反馈系统。在模型在环仿真中，控制器和被控对象都以模型形式存在，且信息连接，如图 6-4 所示。

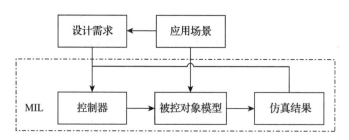

图 6-4　MIL 系统

模型在环仿真测试过程主要分为两个部分：①验证被控对象模型，判断其是否具有足够的置信度可用于控制器的仿真测试；②将已验证的模型带入到测试的闭环系统中作为被控对象的仿真部分，进行控制算法的开发测试。

在仿真测试过程中，控制算法模型和被控对象模型信息间连接交互，根据仿真运行结果和期望做对比进行控制算法的回归优化。为了确保仿真测试的置信度，在系统分析与模拟过程中，需保证模型能够真实、准确地反映实际系统的物理变化规律，并能在计算机上稳定运行。因此，被控对象模型的精确标定验证显得尤为重要，是整个模型在环仿真测试的关键。

模型标定验证是对建立的被控对象模型置信度的测定。模型验证主要检验两个指标——模型的灵敏度（即模型输出值与实际值间的误差）和拟合度（即模型输出值与实际值间的拟合程度）。

在实际模型验证过程中，通常根据模型特点和实验需求选择验证方法。通常采用两种方法：①将同一数据集随机分为两份，一份用于模型标定，另一份用于对标定好模型的验证；②将同一数据集随机分为两份，一份用于模型标定，将此部分数据标定后的模型计算值与另一份数据进行拟合。在验证过程中，严禁重复使用曾用于标定的数据。在模型验证结束后，当模型的置信度满足实验要求时，可应用于模型在环仿真测试。

模型在环仿真关注模型系统在外部激励作用下的响应。外部激励作用信号大致可以分为两类：①针对控制器模型，其输入包括来自于被控对象模型的状态反馈，以及来自闭环系统外部反映功能需求信号，包括驾驶员参考输入等；②针对被控对象模型，其受到控制器和外部环境的共同作用，例如车辆模型，需要考虑汽车在路面行驶时受到阻力等外部作用。

典型的模型在环仿真系统，首先要根据功能需求搭建出被控对象模型，逼真地模拟关注的输出响应，例如建立车辆动力学模型代替真实汽车进行实验；然后根据设计需求和应用场景设计控制算法，建立控制模型；最后，建立控制器与被控对象模型的联合仿真，根据结果同期望对比，回归优化控制算法。

6.1.2　模型在环仿真应用

近些年来，模型在环仿真（MIL）测试已大量应用于汽车智能驾驶系统的感知识别、决策和控制算法的开发和测试过程中（图 6 - 5）。以自动泊车为例，本小节在 PanoSim 模拟仿真环境中搭建了车辆动力学模型和传感器模型，用于泊车控制算法的测试。

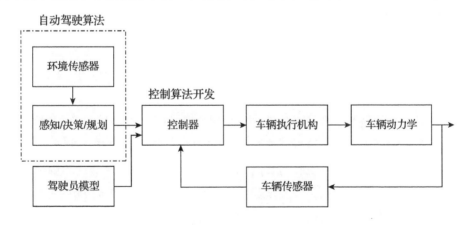

图 6 - 5　汽车智能驾驶 MIL 仿真系统

在汽车智能驾驶模拟仿真系统中，控制器接收到反馈的车辆状态、感知决策规划信息（包含了驾驶员命令），控制输出作用于执行机构模型，产生力和力矩作用在被控对象模型（即车辆动力学模型），进而构成一个闭环控制系统。根据仿真结果修正和完善控制器，直至满足设计要求。

在感知层面上，采用传感器模型模拟真实传感器对真实行驶环境的感知信息。毫米波雷达模型模拟真实毫米波的发射、回波、传递和接收，检测并定位障碍物和非机动车等目

标信息。同时，真值传感器可直接获得环境中各目标的相关位置信息，例如车位线、车道线，得到更加精确的位置信息。模型在环测试通常采用真值传感器检测车位线的形状和位置确定停车位的类型，例如当发现和判断有合适的泊车位时即进行泊车动作。此外，也会用传感器模型对路径上的障碍物进行检测。

在决策控制器层上，以自动泊车为例，根据目标识别信息实现决策和控制。当汽车行驶环境中的路径上有障碍物存在时，判断是否停车、停车形式，并规划出泊车参考轨迹输入到运动控制器中。运动控制器将计算的控制命令作用于车辆动力学模型中，控制车辆的转向和减速等运动状态。在此过程中，可以得到车辆的运动轨迹、姿态，以及是否发生碰撞等信息。依照车辆所在位置、泊车路径的几何特征、碰撞等信息对自动泊车算法进行功能需求的评估和调整，从而迭代以上步骤。自动泊车模型在环仿真过程所依据搭建的环境模型、车辆模型、传感器模型及控制器等能在 PanoSim 和 Simulink 的联合仿真下完成，成本低、效率高，方便开发和测试控制算法，在控制器开发的初级阶段有着极大的优势。

此外，MIL 在其他领域也得到了广泛的应用，例如通过模拟液压系统使得飞行模拟器中的力感系统模拟出近乎真实的运动中液压系统负载特性；在悬架测试设备中，将模拟的弹簧模型与物理的磁流变阻尼器相连接。

6.2　软件在环仿真 (SIL)

6.2.1　软件在环仿真基本原理

软件在环仿真测试（Software In the Loop，简称 SIL）在智能驾驶中用来测试已成型的 ECU 控制器。模型在环仿真用于控制器开发阶段，通常将复杂的控制问题采用模型表达出来，验证控制算法功能是否实现。在软件在环测试阶段，ECU 控制器中的控制算法以成型代码嵌入到硬件控制器中存在，以保证 ECU 控制算法的可编译性和有效性。

智能驾驶中控制算法的软件在环仿真测试系统（图 6-6）与模型在环测试系统类似，都需要搭建被控车辆的测试场景，设置车载传感器模型，建立驾驶员模型，以及车辆执行单元和车辆动力学模型，不同的是要将 ECU 控制器通过软件接口接入到软件在环测试系统进行测试。ECU 控制器通过环境传感器获取外界环境信息，利用内部感知识别算法处理数据，并接收车辆反馈的状态信息进而计算出控制命令，输入到车辆执行单元，实现系统闭环测试，根据仿真结果验证 ECU 控制器性能并迭代优化。

软件在环测试时可将系统作为"黑盒子"进行外部测试，例如输入和输出，而无需检测其内部信号，具有很高的灵活性和移植性。可在硬件测试之前，及时发现控制算法的设计缺陷节省开发成本，缩短开发周期。

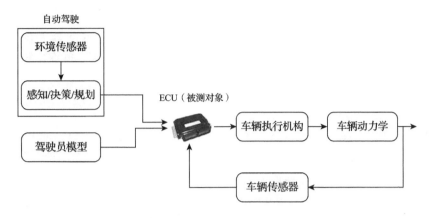

图6-6 汽车智能驾驶 SIL 仿真系统

6.2.2 软件在环仿真应用

如图6-7所示，基于 PanoSim 和 Apollo 智能驾驶联合仿真平台是一个典型软件在环测试系统。该系统采用开源的百度 Apollo 平台作为智能驾驶控制器 ECU，PanoSim 虚拟环境作为场景仿真与测试平台，连接 ECU 的输入输出信号建立软件在环测试系统。

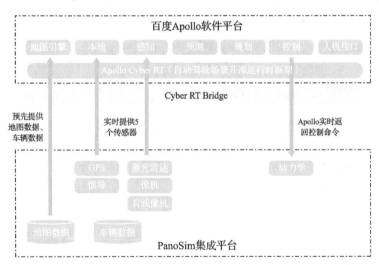

图6-7 智能驾驶 SIL 仿真实例

该系统中，PanoSim 集成平台实现了对测试场景、测试车辆、传感定位系统等的模拟。测试场景包括道路场地、交通环境、气象等模拟，测试车辆包括车辆动力学模拟，传感器包括车载像机、激光雷达、毫米波雷达以及定位系统、真值传感器的模拟。Apollo 的 ECU 运行智能驾驶算法，实现感知识别、决策规划和控制执行主要功能，输出车辆控制命令。

具体运行流程为：PanoSim 仿真场景平台建立被测车辆的动力学模型，通过车载传感器模型获取虚拟实验场及行驶环境的信息，通过车载传感器模型获得姿态、速度和位置等信息，输送到 Apollo 智能驾驶 ECU 中。Apollo 智能驾驶 ECU 根据获得的信息识别目标和规

划轨迹，输出控制命令到 PanoSim 的车辆动力学模型中，模拟车辆在实验场中的运行状态，根据结果检测控制算法是否达到预期效果。软件在环仿真系统避免了实车测试的种种不便，能够及时发现已成型的 ECU 中存在的不足和问题并及时反馈，提高了控制器测试效率，降低了开发和测试成本。

6.3 硬件在环仿真（HIL）

软件在环仿真测试成本低、测试效率高，但测试结果置信度依赖于车辆动力学、传感器和环境等模型的逼真程度。然而在模型搭建过程中会不可避免地忽略许多实际因素，例如噪声和干扰等诸多不可确定因素，软件模拟仿真的置信度会受到质疑。相比之下，实车测试具有较高的置信度，主要有封闭场地测试和道路测试两种形式。封闭场地测试具有较高的安全性，但测试场景种类简单，复杂的交通场景需要较高的场地建设成本，难以复现其多样性；道路测试虽然能够包含相对丰富多样的测试场景，但是盲目地将性能还不够完善的车辆放到真实交通环境，特别是交通变化复杂的城市道路中，难以保证测试过程的安全性。因此，硬件在环仿真测试（Hardware In the Loop，简称 HIL）作为一种切实有效的方法能够有效弥补仿真和实车测试的缺陷与不足，在汽车电子控制与智能驾驶研发和测试中得到广泛的应用。硬件在环仿真测试通过将真实的物理硬件引入到闭环系统中，能够提高测试置信度，降低实施成本，缩短开发周期，且重现性良好。

6.3.1 硬件在环仿真基本原理

控制系统是由控制器、执行器、传感器、被控对象组成的具有自身目标和调节功能的系统。控制系统仿真包括 3 种形式，其中实际控制器仿真称为虚拟控制器，实际被控对象仿真称为被控对象模型。

1）虚拟控制器 + 被控对象模型 = 动态仿真系统，是纯粹的系统仿真，通常称为离线仿真。

2）虚拟控制器 + 实际被控对象 = 快速控制原型（Rapid Control Prototyping，简称 RCP）仿真系统，是一种半实物仿真。

3）实际控制器 + 被控对象模型 = 硬件在环仿真系统（Hardware In the Loop，简称 HIL），是另一种半实物仿真。

硬件在环仿真测试是一种控制系统仿真验证的重要手段，是以实时处理器运行对象仿真模型来模拟受控对象的运行状态，通过 I/O 接口与实际控制器连接，实现对系统控制性能实时性、有效性的全面测试。

硬件在环系统主要由硬件平台、实验监控软件和实时仿真模型组成。

1）硬件平台：包括具备实时操作系统的实时机或嵌入式设备、执行机构、真实的传感器、负载模拟等，其中实时机是硬件在环系统的核心部分，能够提供实时运算的处理器、A/D 或 D/A 转换板卡的 I/O 接口、故障注入单元（FIU）、车载通信网络 CAN 接口等，以确保使用者和研究人员能快速将模型编译下载和实时运行，通过与其他硬件通信连接，实现系统的闭环测试。

2）实验监控软件：与实时处理器通过以太网连接，配合编程软件及丰富的功能扩展包，使用者和研究人员能够根据实际需要配置监控实时硬件平台、构建和下载系统模型、处理和分析测试结果，能够支持多方建模环境以导入算法和模型。实验监控软件用于提供测试命令、创建可视化交互界面、灵活修改用户界面、配置激励生成、记录数据、自动分析数据和生成报告等。

3）实时仿真模型：可在 HIL 硬件处理器中实时运行的智能驾驶模拟仿真系统，包括车辆动力学模型、发动机模型、动力传动系统模型、轮胎模型、制动系统模型、转向系统模型等，具有可实时能力。

硬件在环仿真的主要技术优势体现在：

(1) 在实时环境下验证算法和模型

离线仿真中的时间为逻辑时间，其仿真设置时间不等价于物理时间，仅是软件运算的计算时长，其真实仿真时间会随着模型的复杂程度和硬件资源改变而变化。然而汽车中使用的控制器通常为嵌入式设备，例如单片机、FPGA、RAM 板卡和工控机等，其时间是通过晶体振荡器和时序电路产生的，因此嵌入式设备的系统时钟是物理时钟，其仿真运算时间同物理时间保持一致，不会随模型的复杂程度和硬件资源的变化而变化。硬件在环仿真系统可以在实验室条件中用实时工控机快速验证算法和模型的准确性和实时性，这是硬件在环仿真与离线仿真的本质区别。

(2) 弥补样机尚未制造成型的研发测试空白

实际科研工作中，被控对象可能会由于制造、成本原因等不能及时制作出样机进行测试，考虑到系统开发的并行性，研发人员需要及时进行算法和模型的验证工作。可在模型在环和软件在环仿真的基础上，利用实时系统的仿真机和被控对象模型来模拟系统的实时运行，完成深入的算法模型研发和验证。

(3) 利用已有部分硬件提升仿真系统的置信度

数学模型是在理论假设上建立对系统几何与物理特性的抽象和映射关系。一方面，建模中理论假设过于理想，或者难以精确表述非线性等特征，不能完全真实反映系统机理特性。另一方面，实际中很多系统具有较强的不确定性难以建模。因此，在仿真回路中嵌入已存在真实的物理机构，例如传感器、执行器等，替代模型后，可提升仿真系统的置信度。

6.3.2　硬件在环仿真关键技术

系统实时性和负载模拟是实现硬件在环仿真的关键技术。

（1）系统实时性

仿真系统的实时性是硬件在环仿真同模型在环的关键区别之一。

模型在环仿真是一种离线仿真测试形式，仿真机不具备实时操作系统，采用了软件系统的时钟，仅在系统启动时一次读取硬件时钟，仿真的推进机制不是由物理时钟控制的。离线仿真的一帧即积分器的一个步长，仿真运算和推进需要计算每一帧的状态值，并且当前帧的状态值是根据上一帧的值和当前状态产生的，依次仿真直到结束，所以仿真时间和实际的物理时钟时间不是严格一致的，运算一个 10s 的仿真，仿真的运行时间不一定为 10s。运行时间取决于很多因素，包括模型复杂度、积分器类型、积分步长和仿真机性能等。

硬件在环仿真使用了具备实时运算和处理能力的仿真机，并运行实时操作系统（Real-Time Operating System，简称 RTOS）。实时操作系统使用由晶体振荡器和时序电路组成的物理时钟进行计时，其仿真时间等同于真实时间，是一种实时仿真测试形式。实时仿真的推进机制是根据实际时钟，在一个仿真周期内由仿真器和控制器相互协调，共同完成计算，最终得到被控对象的响应特征。仿真周期越短，被控对象的响应越准确，但同时对实时仿真平台的软硬件要求也越高。实时仿真要求系统运行满足一定的时间约束条件，留给每一步计算时限是一个积分步长，结束就跳到下一时刻。如果实时系统的实时性得不到保证，仿真系统的运行将进入一种不确定的状态，系统的行为将不可控，运行结果将不可预测，这样就不能保证仿真结果的置信度。因此，系统的实时性不仅取决于逻辑运算结果的正确性，还取决于仿真运行中每项工作完成的时间，即对时间约束条件的满足程度，包括仿真运行过程中每步长的帧计算、数据传输和对外设的访问等。

图 6-8 给出了实时仿真系统时间分配图。仿真器运行时间是从仿真器收到输入信号开始计算，经过被控对象模型求解从仿真器输出信号截止的时间间隔，分为三个部分：

$$仿真器运行时间 = 输入信号处理时间 + 模型计算时间 + 输出信号处理时间$$

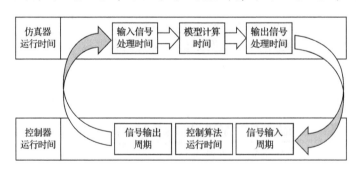

图 6-8　实时仿真系统时间分配图

控制器的信号采集，通常采用定时中断的方式执行，控制器中的信号处理周期的三部分需要满足的条件：

$$信号输入采集周期 < 信号输出采集周期 < 控制算法运算时间$$

根据系统仿真的实时性要求，理论上要保证 HIL 系统的实时性，仿真器的计算周期应

该小于控制器的最长控制周期，即

$$仿真器运行时间 < 信号输入采集周期 < 信号输出采集周期 < 控制算法运算时间$$

通常，由于控制器的采样频率较高，仿真器如果要达到如此短的运算周期对其要求太高，因此需要满足

$$仿真器运行时间 < 信号输出采集周期 < 控制算法运算时间$$

此时，认为系统满足实时性要求。

(2) 负载模拟

负载模拟是指对硬件在环仿真中的环境负载进行描述。准确的负载模拟配合高逼真的车辆动力学模型理论上就能建立一个与汽车实际行驶工况相接近的仿真平台。

负载模拟根据汽车控制信号和能量流动方向不同，主要分为前向仿真和后向仿真。

1）后向仿真是假定汽车能按照预计的工况行驶，从汽车的需求出发，通过仿真计算汽车各系统所处的工作状态。这种计算方法与实际中的汽车工作方向相反，通常应用于汽车整车开发初步阶段，多用于设计初期不同方案的比较分析，不适合做硬件在环仿真测试。

2）前向仿真是依据汽车实际工作情况计算出系统所承担的负载。从汽车行驶工况开始分析，由驾驶员模型实时调整加速踏板或制动踏板的开度，通过车内通信网络传送给控制器，控制器根据信号的要求对各系统进行控制，计算控制端的负载。

在汽车动力总成系统的硬件在环仿真系统中，测功机常用作负载模拟。硬件在环仿真系统将整个动力系统布置在测功机上，用测功机模拟车辆实际运行工况中道路场地和环境对车辆的摩擦力和行驶阻力等，利用力矩和力平衡原理测试车辆的动力系统产生的转速和转矩是否能完成工况运行。

(3) 系统数据传输接口

硬件在环仿真系统的调试关键是配置系统数据传输接口，汽车智能驾驶硬件在环仿真系统主要的通信接口包括 CAN 通信、以太网通信（TCP/IP 和 UDP）、串行通信和 A/D 或 D/A 转换接口等方式。

6.3.3 硬件在环仿真应用

汽车智能驾驶系统的硬件在环仿真测试主要包括传感器在环仿真、控制器在环仿真和执行器在环仿真：①传感器在环仿真是在实际系统中嵌入真实的传感器设备，包括像机在环仿真、雷达在环仿真、V2X 在环仿真以及多源传感融合系统在环仿真等，实现对感知算法的测试。②控制器在环仿真是将真实的车辆 ECU 控制器放入虚拟的整车环境中，通过模型实时仿真机来模拟受控对象的状态，并通过接口等将车辆控制器与模型实时仿真机连接通信，实现对 ECU 控制器的测试。③执行器在环仿真是在实际系统中嵌入真实的执行器机构，包括制动系统在环仿真、转向系统在环仿真、动力总成系统在环仿真等，用来测试执行机构 ECU 控制性能。

下面以控制器在环仿真为例，说明汽车智能驾驶控制器在环仿真的方案（图6-9）。

1）硬件平台：使用 NI 系列的 PXIe 作为实时仿真机运行车辆动力学模型；使用 Speedgoat 仿真机作为实时控制器运行控制算法；采用台式计算机作为实时控制器的上位机设计智能驾驶控制器并部署平台；采用高性能工作站作为实时仿真机的上位机配置被控对象、构建测试场景，监控平台数据；运行 PanoSim-RT 虚拟仿真系统实现图像的实时渲染；采用 4K 高清环视屏幕作为像机在环系统的视频源输入。

2）实验监控软件：集中了场景设计、车辆动力学参数修改、交通配置、传感器模拟等功能，通过以太网同实时仿真机连接，能够配置仿真参数、建立可视化交互界面、导入第三方模型、记录与回放数据并以文件形式保存。

3）实时仿真系统：采用 PanoSim-RT 系统，可支持多种仿真模拟模型，主要包括车辆动力学模型、发动机模型、动力传动系统模型、制动系统模型、轮胎模型、转向系统模型、驾驶员模型、传感器模型、道路和地图模型、气象模型以及交通模型等。

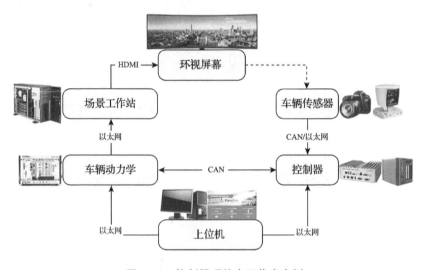

图 6-9 控制器硬件在环仿真实例

6.4 车辆在环仿真 (VIL)

6.4.1 车辆在环仿真基本原理

车辆在环仿真（Vehicle In the Loop，简称 VIL）作为硬件在环的一种特殊类型，将实车引入到测试闭环中代替车辆动力学模型以提升仿真测试的置信度。车辆在环仿真是在封闭实验室内或空旷的场地中系统地进行基于多场景的功能与性能测试，以测试和验证智能车辆能否应对复杂多变的交通场景、恶劣天气和极端路况，其中环境仍来自于虚拟仿真系统。

1）真实性：测试闭环中的车辆是真车，代替仿真测试中简化的车辆动力学模型以及无法通过建模准确模拟的诸多仪表和传感器，有效提高测试的精度。

2）安全性：真车所处的实际环境相对简单，多数在实验室中或环境相对简单的真实道路上。测试过程中难以造成危险的因素,例如道路、交通、天气均由模拟实现,避免了事故、伤亡和经济损失。

3)可控性:车辆的行驶环境可定制、重复和批量化,灵活可控。实验室条件下模拟的道路、交通、天气等场景要素实现了行驶场景的复杂和多样,实现了测试过程中行驶场景全面覆盖等需求。

车辆在环仿真能够完成的研究主要包括驾驶员行为特征的研究、智能驾驶汽车性能仿真测试、智能网联汽车 V2X 通信仿真验证等。车辆在环仿真测试环境(图6-10)主要包含真实车辆、虚拟行驶环境、信息交换方式三个部分。

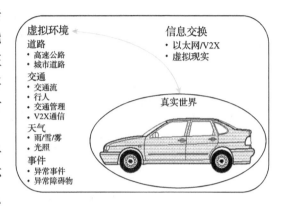

图6-10 面向智能驾驶的车辆在环仿真测试环境

虚拟仿真环境由仿真系统的场景生成平台提供,为实车提供高逼真度的模拟行驶环境,可构建出复杂多样的道路、设施、交通、气象和测试工况等。实车与虚拟环境的信息交互方式(图6-11)主要采用 V2X、以太网及虚拟现实(VR)技术。车辆在环系统可与传感器在环仿真技术协同交互,例如利用高逼真的场景图像渲染技术,像机视觉传感器从高清晰度的屏幕显示画面获取图像信息,也可利用 VR 给驾驶员直接传递环境信息。从实车到虚拟仿真环境传递的数据主要是车辆运动状态信息。环境信息数据量大,可采用以太网方式传递给真实车辆的传感器。

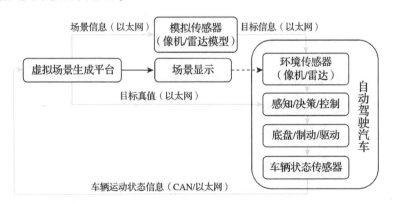

图6-11 实车与虚拟环境的信息交互方式

6.4.2 车辆在环仿真应用

基于 PanoSim 虚拟仿真系统构建的智能驾驶车辆在环仿真测试平台(图6-12),主要包括 PanoSim 软件平台、虚拟场景仿真平台、实车。系统中软件平台 PanoSim 具有虚拟场景渲染功能及传感器模拟功能,能够根据测试需求(例如 ACC/AEB 等)在实验室或空旷场地构建出逼真、复杂的模拟场景,实现对智能驾驶系统安全可控的功能验证。

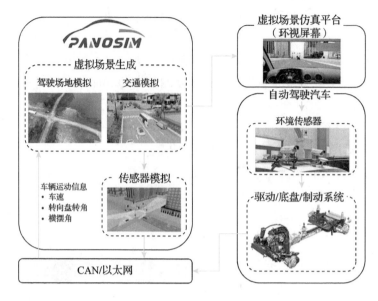

图 6-12　基于 PanoSim 的智能驾驶 VIL 测试平台

6.5　人在回路仿真与驾驶模拟器（DIL）

6.5.1　人在回路仿真基本原理

人在回路仿真（Driver In the Loop，简称 DIL）是一种基于驾驶员和硬件在环的实时仿真技术，结合驾驶员的实际操作行为，模拟驾驶行为交互中的驾驶触感、体感、视觉和听觉。人在回路仿真技术能够采集驾驶员行为数据并分析驾驶员行为特征，实现拟人化智能驾驶技术的开发和测试以及综合评估。

人在回路仿真实验主要以驾驶模拟器形式来完成驾驶员与软硬件仿真系统间的信息交互。为了提升模拟的逼真度，驾驶模拟器获取准确的驾驶员的操作及车辆运行状态信息，接着从视觉、听觉、触觉和运动感觉等多个方面去模拟驾驶反馈负载，传输至驾驶员的感官。因此，驾驶模拟器具备视景显示系统、音效模拟系统、体感模拟系统和驾驶员操作设备等关键硬件结构。在软件方面，驾驶模拟器应当具备高逼真的三维车辆模型、良好的虚拟场景细节显示、接近真实的音效模拟以及准确的车辆动力学模型等。

人在回路的驾驶模拟仿真系统如图 6-13 所示。驾驶员通过操作设备将控制命令输入到车辆动力学模型中，实时运行得到车辆运动状态，通过实时数据通信传递到体感模拟运动平台、转向盘和视听系统，进一步模拟和反馈给驾驶员体感、力感以及视觉听觉响应，最后驾驶员根据反馈信息决定下一步操作，整个系统的运行监控与数据存储均在辅助系统中完成。

随着 VR 技术的快速发展和应用，驾驶模拟器中的视景仿真系统逐步被 VR 技术取代，与体感反馈系统、触感反馈系统共同构成了新型的人在回路沉浸式虚拟现实仿真环境。利用虚拟现实技术所构建的驾驶模拟器主要有车辆动力学模型、沉浸式虚拟现实交互环境两个部分（图 6-14）。

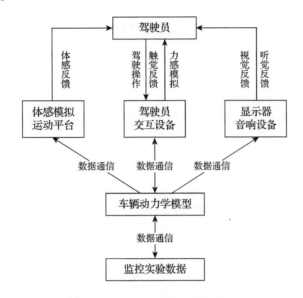

图 6-13   人在回路的驾驶模拟仿真系统

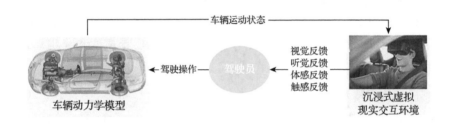

图 6-14   驾驶模拟器系统框架

与其他类型的在环仿真相比，人在回路的驾驶模拟仿真系统具有以下两点优势。

1）与实车实验相比，驾驶模拟器能够以较低的成本安全地模拟某些极限工况，还能够精确地复现实验过程。

2）与硬件在环相比，不仅引入了人的因素来替代不够真实准确的驾驶员模型使得系统的仿真结果更加具有参考意义，而且还能够为驾驶员提供接近真实的驾驶体验从而采集驾驶行为数据。

总之，驾驶模拟器具有完全可控的实验环境、足够真实的仿真结果，能够为车辆极限工况测试以及人的生理极限反应等危险情况提供安全可靠、经济便利的实验和开发环境。

6.5.2   驾驶模拟器的关键技术

驾驶模拟器的关键在于使驾驶员产生沉浸感与交互感，体验驾驶仿真的"身临其境"。一方面需要反馈给视觉、听觉、运动感觉和触觉等感官足够的逼真度，另一方面还需要各子系统间相互协调、共同作用来完成驾驶模拟器的工作过程。

（1）视觉仿真技术

驾驶员关注的信息有90%来源于视觉感知。视觉信息使驾驶员能够从远处开始发现交通路况，预测态势变化，及时采取控制措施，因此视觉模拟仿真技术在驾驶模拟器中尤为重要。

视觉仿真系统由3D图形生成器即3D环境的计算图像和若干个用于前视或后视的视频显示设备组成。通常将渲染的驾驶场景图像投影到若干个分屏的平面或曲面屏幕上，或虚拟现实（VR）头戴设备中。投影的质量通过其亮度、对比度、分辨率、颜色以及其空间（视野宽度、深度提示、视野内容）和时间（传输延迟、刷新率）特征来衡量。这些特征信息间相互依赖，能够为驾驶员提供执行驾驶任务所需的信息，是驾驶员产生沉浸感的关键。运动的实际感觉也是驾驶模拟器视觉系统中的关键现象，外围视野会影响速度的视觉感知，主要是由于图像投影到视网膜的周围区域而引起的。驾驶模拟仿真中最小视野为50°（水平平面）乘以40°（垂直平面），在外围信息不可或缺的情况下需保持至少180°的水平场，使得驾驶员获得良好的行为或心理感受。

VR头戴设备是提升沉浸感的一种新方法，也称为头戴式显示器（HMD），包括护目镜、头戴式耳机等。HMD设备中眼睛前面都装有微型监视器，特殊的透镜即使在距眼睛仅5~7cm的情况下也能收敛和容纳。HMD也可与头部或眼睛的运动跟踪设备配合使用，提升运动视差信息的丰富性。其主要缺点是小型化，需要在视野宽度和分辨率水平间找到折中。

（2）触感反馈仿真技术

触感反馈仿真是一种模拟驾驶员操作的仿真系统，包括转向盘、加速踏板、制动踏板和变速杆力矩或力的反馈仿真。

以转向盘力感反馈仿真为例，模型中包含了轮胎与路面的接触信息和车辆的运动状态信息等影响驾驶员操纵判断的重要因素。转向盘反馈力矩模拟仿真技术是驾驶模拟器的关键技术，能有效提升驾驶感觉的逼真度。转向盘反馈力矩模拟研究主要有3种方法：①基于转向-轮胎系统动力学的建模方法，比较常用；②提取影响转向盘转向操作的主要因素，通过数据拟合的方法获得转向盘反馈力矩MAP模型；③依赖于大数据信息训练的机器学习方法，建立数据驱动的转向盘反馈力矩模型。

基于转向-轮胎系统动力学的建模方法，主要存在模型参数多、计算复杂、开发周期长、模型不易被替换等问题。参数不易获取也会导致误差累积。过于复杂的计算过程造成系统延迟，不利于在低成本设备上应用。相比而言，基于系统建模的方法虽然计算简单、参数较少、易于低成本设备应用，但是模型假设中简化了很多非线性因素对转向盘力感的影响，模型逼真度降低。基于数据曲线拟合的方法，虽然能依据数据模拟出转向盘反馈力矩的基本特性，且模型简单、应用方便，但仅能描述转向盘力矩和若干种主要影响因素间的物理关系，与实际应用存在差距，因此转向盘反馈力矩建模技术面临着逼真度、模型应用间的平衡问题。

为了解决这一技术问题，研究人员开始尝试多种神经网络及深度学习的方法来探索建立转向盘反馈力矩模型。神经网络本身具有强大的非线性系统逼近的能力，同时在网络训练好后，方便在线应用，但是该方法在转向盘反馈力矩建模领域的研究尚处于起步阶段。

(3) 体感模拟技术

在驾驶模拟器上，车辆运动给驾驶员产生的动感是通过多自由度动感基座来模拟产生的。这种多自由度基座能够模拟包括重力感受、运动体转向和加减速带来的惯性与体感。运动平台除了提供体感信息外，还可以刺激驾驶员的前庭系统，前庭系统与视觉运动数据共同出现，加快了对流的发生，这是驾驶模拟器能模拟心理有效性所必需的。

运动基座最早研究主要是针对飞行模拟器（20 世纪 50 年代开发的），大部分采用液压缸执行机构，自由度为 2 或 3。到 20 世纪 60～70 年代，已开发出具有 6 个自由度的运动基座。驾驶模拟器使用的运动平台会产生伴随振动的小幅度运动，而更精确的运动平台会使用 6 自由度的六脚架，除了振动和力反馈外，还可以在所有 3 个方向（偏航、俯仰和横滚）上运动。

6.5.3　人在回路仿真应用

人在回路测试系统的适用范围广泛，典型的应用领域有以下 5 个方面：

1）先进驾驶员辅助系统及主动安全技术开发测试。高级智能辅助驾驶对车辆进行不同程度的干预，当前先进车辆技术的验证过程需要提供硬件在环的闭环测试环境。而从传统硬件在环测试技术基础上发展的人在回路仿真技术涵盖了"人－车－路－交通环境"四要素，能够为智能驾驶新技术开发提供有力的支持。

2）先进车辆电子控制系统、底盘和转向电子控制系统开发测试及舒适性验证和评估。

3）"虚拟车辆"测试。"虚拟车辆"测试可使汽车在虚拟世界中行驶数百万千米，并历经从常规行驶到罕见危险场景的广泛驾驶场景，与在真实环境中训练相比，具有高效率、低成本以及高安全性的驾驶体验。人在回路的"虚拟车辆"测试能够获得更加真实的测试结果。

4）驾驶员行为特征研究。驾驶员日常驾驶行为的特点和规律的研究，在智能辅助驾驶系统的设计和测试中十分重要。DIL 系统的开发便于开展对驾驶行为和驾驶状态以及不同驾驶员个体间的差异性和状态的波动性等方面的研究，车路协同技术开发，以及涉及人和车、车和车、车和路之间默契配合的智能驾驶汽车技术的发展。

5）技术展示和互动体验。智能驾驶 DIL 测试平台主要由平台控制系统、实时虚拟仿真 PanoSim、实时仿真器、驾驶舱和力感模拟器、6 自由度体感模拟基座、视觉渲染和显示设备、仿真数据监测和记录设备等组成（图 6-15）。其中，PanoSim 主要提供复杂的车辆动力学模型，支持 dSPACE/NI 实时环境下的实时运行，搜集驾驶员输入信号和输出转向盘力反馈信息。

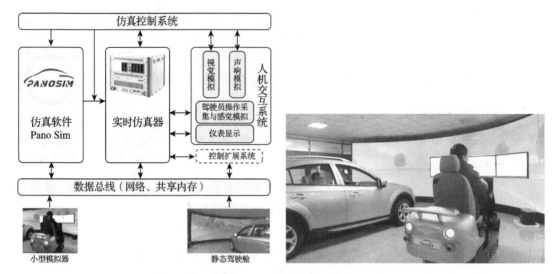

图 6-15 智能驾驶 DIL 测试平台架构图和互动体验

平台中的主要硬件设备包括：

1）静态驾驶舱：主要包括模拟驾驶舱和驾驶员操作力反馈系统，可根据提供的驾驶场景操纵驾驶舱，在有限的空间中真实地复现实车驾驶过程中的触摸感和视觉感。

2）小型模拟器：基于 PanoSim - SL 的小型模拟器，通过精简驾驶座舱并提供真实的转向盘、加速踏板和制动踏板，可模拟简单的交通车实时显示车辆仪表变化（虚拟仪表板）。

3）180°环幕显示系统：利用融合机设备并支持 6 分屏处理技术，实现多机同步渲染通信。

4）全景立体声响系统：模拟发动机噪声和轮胎噪声音效，以及仿真模拟器上的车辆噪声。

5）图形工作站：图像工控机运行 3D 实时动画软件，进行动画场景的渲染，模拟高逼真的声效。

这种人在回路的驾驶模拟仿真测试平台能够实现包括：ADAS 算法开发和整体测试，MIL/HIL 测试；人在回路与多车协同共驾测试；摄像头及雷达在环传感器测试；与场景软件联合仿真；ADAS 相关功能 HMI 界面控制等功能。

第7章
汽车智能驾驶仿真实验

7.1 智能驾驶环境感知仿真试验

环境感知系统通过对车载环境传感器所获取的数据进行分析处理，从而识别出汽车行驶环境中的行人、车辆、交通标志和道路等，为智能驾驶决策和控制提供环境感知信息。

应用模拟仿真技术进行环境感知测试的优势主要体现在以下 3 个方面：

(1) 测试场景效率优势

汽车行驶环境十分复杂、难以预测、不可穷举。相较于实车道路测试周期长、成本高以及低效率等局限性，模拟仿真技术可以通过参数化改变环境的形式、内容、特征和属性等，实现大规模和自动化的虚拟场景测试。

(2) 测试安全保障优势

实车道路测试安全难以保障，特别是在极限工况、恶劣气象和危险场景等条件下。模拟仿真技术则体现出其独特的安全和高效优势，特别是可实现边界条件和小概率事件下的边缘测试、极限测试、压力测试和加速测试等。

(3) 测试数据标注优势

基于深度学习的环境感知算法已经成为提高感知准确率和可靠性的重要技术途径，这对用于模型训练的数据样本提出了很高的要求，包括数据的内容、数量以及真值的标注等。相较于实车道路数据采集耗时耗力、数据不完备、标注困难且易出错等问题，虚拟场景具有模型真值准确和标注自动化的天然优势。

高逼真测试数据是高质量模型训练的关键，而高逼真测试数据源于高逼真的场景模型和高逼真的环境传感器模型。不同的环境感知算法由于其感知机理和功能的不同，其对场景模型和传感器模型的要求也有所不同。基于模拟仿真技术的环境感知测试流程如图 7 - 1 所示。

7.1.1 针对像机视觉的感知算法测试环境搭建方法

汽车智能驾驶系统基于视觉感知的主流解决办法是对基于深度学习的模型进行训练，因此数据已成为视觉感知系统测试的重要基础。

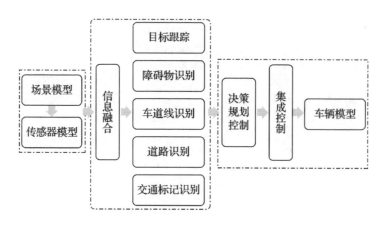

图7-1 基于模拟仿真技术的环境感知测试流程

(1) 基于像机的视觉感知算法

基于像机的视觉感知算法（图7-2）采用深度神经网络处理由像机获取的图像数据，以获取其中的目标物二维或三维信息。该方法要求深度神经网络能够从大量带有标注信息的图像中学习特定物体的特征，通常称之为基于深度学习的模型训练方法，并通过训练好的模型处理输入图像。常用的深度神经网络结构有 faster RCNN、mask RCNN、YOLO 和 SSD 等算法，这些算法适用的使用场景有所不同，其中检测准确率最高的是 mask RCNN，训练速度最快的是 YOLO；此外，还有许多特定的网络，例如估计目标深度、场景语义分割等网络。

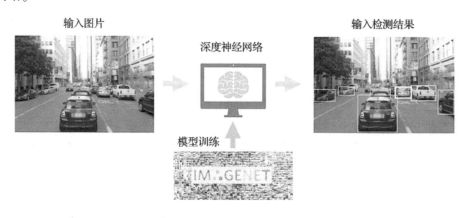

图7-2 基于像机的视觉感知算法

(2) 针对像机视觉感知算法的测试方法

深度学习算法需要大量的带标注数据建立网络训练模型，因此数据是评估网络性能优劣的关键因素。神经网络结构复杂，神经层和节点权重的不同常常无法给人直观可理解的结果，通常称之为深度神经网络的"黑盒子"属性，所以评估网络模型往往是借助测试数据集的检测结果来判断。

视觉感知算法的测试难度不仅来自算法的复杂性本身，还来自汽车行驶环境的复杂性和不可确定性，例如天气和各种不可预测的驾驶情况。

像机视觉感知算法的测试属于"黑盒子"神经网络的测试，首先需要解决图像质量和场景内容两个问题。

图像是场景通过像机的映射，其质量很大程度上取决于像机。然而市场上像机类型不仅很多，而且参数差异性也很大，例如分辨率在 100 万到 1000 万像素，帧率从 30 帧/s、60 帧/s 到 120 帧/s 等，都可作为车载像机使用。如何从中挑选出适合智能驾驶任务的像机软硬件配置十分重要。此外，车载像机的安装及外界环境因素等也会影响像机的视觉传感效果。不同于人眼的视觉评价标准，图像质量的好坏取决于用于目标检测的深度神经网络算法，也是像机视觉感知系统的重要组成部分，因此测试环境要满足上述测试要求。

神经网络模型可从数据中学习目标物的特征，然而真实世界变化无常，如何确保在不同的场景下模型都能准确地识别出目标物，对于智能驾驶的安全至关重要。这就需要尽可能多地测试模型在各种不同道路、不同天气光照，尤其是极端环境下的检测性能。

基于像机视觉感知系统的主要测试方法有两种：实车道路测试和虚拟环境下的仿真测试。前者的主要优势在于测试内容的真实性，但效率低、成本高，无法保障安全性，可覆盖的场景内容有限。因此，基于模拟仿真技术的仿真测试成为重要的测试技术手段，特别是对真实世界中难以复现、难以测试的场景的规模化和自动化测试。虚拟环境下的仿真测试也面临着场景逼真度和测试可靠性的问题。

(3) 仿真测试环境搭建

像机视觉感知算法测试系统包括一个由像机和感知算法组成的被测视觉感知系统（图 7 - 3），通过测试检验其在不同场景下的感知性能，包括车道线检测、行人检测以及车辆检测等。基于像机视觉感知系统的仿真测试需要保证虚拟图像和场景内容的质量。

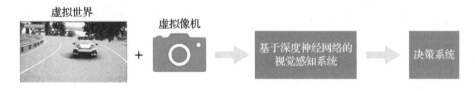

图 7 - 3　像机感知算法的仿真测试

(4) 虚拟世界构建参数

虚拟世界的构建包含基本的场景元素（图 7 - 4）：

1）光照：用场景亮度描述，或用光源的不同属性进行描述，例如阳光、路灯、车灯等都属于不同的光源类型。

2）天气：天气包括自然界的雨、雪、雾等天气状况，不同的天气状况会影响光照的强度，进而影响像机的成像效果。

3）道路：包括道路结构、几何属性和路面状况等，也可按高速公路、城市道路、乡村道路等分类。

4）交通：包括车辆、行人等交通参与物，以及交通标识和交通信号灯等交通设施。

光照/气象/道路/交通　　　　　场景构建

图 7-4　虚拟世界的构建

道路、交通、天气、光照等是构成汽车行驶环境的基本场景元素。

像机模型反映像机成像原理，实现从虚拟场景到模拟图像的映射，包括基于小孔成像的像机模型，也可以是鱼眼像机或广角像机等，其参数包括视场角、焦距等，也可模拟像机的暗角、模糊和畸变等物理效果。

虚拟世界构建过程中的 3D 建模，其材质模型和光照模型反映了对世界模拟的物理准确性，并作为像机模型的输入，产生模拟图像。判断模拟图像质量的依据在于其应用对象，即深度神经网络模型。高真实感的模拟图像相较于低真实感图像数据集对提升模型训练的质量十分重要，也有助于更好地模拟和分析外部世界对图像生成的影响。此外，由于模型的真值特点，对于模拟图像的自动且准确标注具有天然优势。

使用 3D 模型构建丰富的场景内容也十分关键，丰富且充满变化的场景内容同样可以提高模型训练的质量，进而提升模型的检测准确性和鲁棒性。丰富的仿真场景库包括建筑物、道路、交通标识、车辆和行人等各类交通元素，以及丰富的天气与光照，通过对这些场景元素的参数化和随机化可以大大增强其泛化能力，从而形成大量内容丰富的模拟图象。

通过使用真实像机替换像机模型（图 7-5），从而构建像机在环实时仿真系统，可进一步提高感知系统仿真测试的真实性，目前主要有 2 种方式：

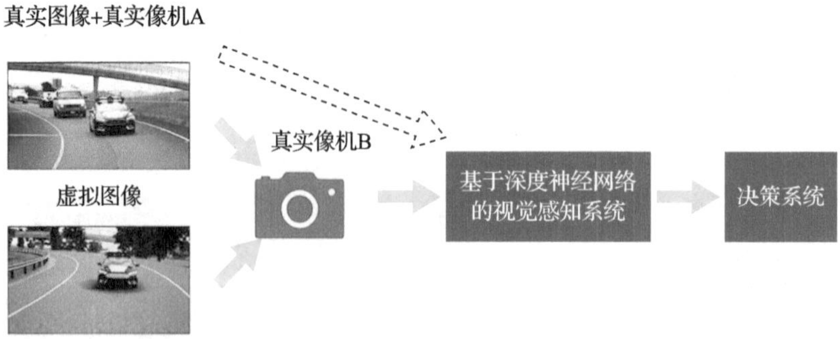

真实图像+真实像机A

虚拟图像　　真实像机B　　基于深度神经网络的视觉感知系统　　决策系统

图 7-5　像机视觉感知算法的测试环境

1）像机在环实时仿真系统：使用真实像机拍摄高质量显示设备的画面，直接产生的图像可作为图像处理单元的输入（图 7-6）。

2）图像处理器在环实时仿真系统：将仿真平台生成的模拟图像直接输入图像处理器；此时没有真实像机，可同时接入多路图像输入单元。

7.1.2　针对激光雷达、毫米波雷达的感知算法测试环境搭建方法

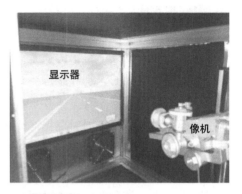

图 7-6　像机在环实时仿真测试系统

基于雷达的感知主要包括基于毫米波雷达回波信号处理的目标检测、基于激光雷达点云数据处理的目标检测、识别与跟踪。下面针对激光雷达和毫米波雷达感知过程的具体流程来分析两者对场景的不同要求。

(1) 基于激光雷达的目标感知识别

激光雷达得到的是三维点云数据，包含建筑物、道路、车辆和行人等。激光雷达的感知算法是对所得到的点云数据进行数据处理，为整车的控制提供目标信息。这里以激光雷达对障碍物的感知为例，其流程如图 7-7 所示[12]。

障碍物点云的提取要根据不同的需求，剔除无关的点云数据以得到有用信息。首先，选取感兴趣区域（Region of Interest，ROI），减少不必要的点云数据；其次，分割地面信息排除其影响，保留障碍

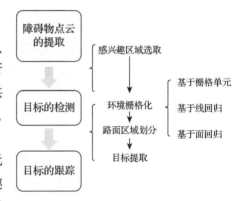

图 7-7　基于激光雷达的目标感知流程

物的特征，以提取环境中所需要的障碍物。障碍物点云的提取要排除掉地面信息的影响，筛选出可能由障碍物返回的数据。对于三维点云数据的表示，也直接影响着目标检测过程的精度和效率。

目前，对激光雷达三维点云数据的表示方式主要有基于栅格地图的表示、基于极坐标地图的表示和点云表示三种方式。基于栅格地图的表示是目前采用最广泛的方法。其过程主要是将感兴趣区域分为 $m \times n$ 个大小相同的栅格组成的地图，点云位置的坐标采用笛卡儿坐标系表示。在构造栅格地图后，考虑到障碍物之间的遮挡问题以及激光雷达的分辨率有限，还需要对栅格进行后续处理。路面区域的划分是指采用 Hough 变换等方式提取栅格地图中的直线，从而确定道路边界。而目标的提取是对属于同一物体的栅格进行聚类。

目标跟踪是对不同数据帧之间的物体进行跟踪。在得到当前栅格地图中的目标信息后，可通过目标的运动状态计算其速度并估计其位置。目标跟踪的方法分为判别式和产生式两种。判别式方法是通过监督学习得到的检测器对目标的下一个位置进行检测，实现跟踪功能；产生式是通过对目标的形状建立模型，在当前帧找到符合这一形状的模型后，在

下一帧目标可能出现位置进行搜索。三维目标的跟踪大多采用产生式的方法（图7-8）。

激光雷达传感测试对于模拟仿真的要求分析，主要关注场景中目标的质量。激光雷达要同时完成目标的识别和跟踪，这与基于相机视觉的感知不同。首先需要保证物体形状尺寸模拟足够逼真，同时根据激光雷达的工作机理，激光雷达接收到的是物体反射的点云数据，这与物体表面的反射特性有很大

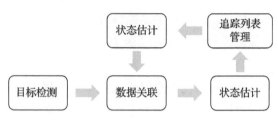

图7-8　三维目标跟踪的流程

的关联性，因此在对目标建模过程中需要考虑其表面的纹理材质。例如利用激光雷达进行车道线检测时，与基于视觉的感知通过设置阈值划分像素点不同。激光雷达对车道线的检测原理是根据路面与车道线对激光的反射率有所不同，将得到的点云数据进行划分，再提取出车道线信息后进行拟合。因此，需要对道路和车道线设置不同的反射特性以进行区分。

考虑到雨、雪、雾、霾等天气粒子等会造成激光雷达信号传递过程中的衰减，影响激光雷达的探测距离；同时，也可能会导致虚警噪点等问题的出现，造成感知目标的混淆，还需要建立足够逼真的雨雪天气模型，将恶劣天气下对基于激光雷达的感知效果体现出来。

在激光雷达建模过程中，还需要考虑天气对信号传递衰减作用的影响，建立受天气影响的功率衰减模型，这会使得传感器模型采集到的数据更加真实。

在具体实例的搭建时，需要根据需求在 PanoSim 上对激光雷达的参数进行设置选择，详细参数如图7-9所示。激光雷达的参数主要包括安装位置，又包括激光雷达在车辆坐标系下的坐标以及横摆角、俯仰角、侧倾角等；另外，PanoSim 也提供了激光雷达的功能模型，表示激光雷达的探测范围，包括水平视场角、垂直视场角等；功率衰减模型则是通过波长等参数模拟出激光雷达的信号在传递过程中的衰减。

安装			
	状态：可用		
	X (m):	0.800	横摆角（度）:	0.000
	Y (m):	0.000	俯仰角（度）:	0.000
	Z (m):	0.500	侧倾角（度）:	0.000

功能模型			
水平视场角（度）:	85.0	垂直视场角（度）:	2.40
水平角分辨率（度）:	0.125	探测范围（米）:	200.0
顶部垂直视场角（度）:	1.20	底部垂直视场角（度）:	-1.20
光束数量:	4　详情		

功率衰减			
☐ 使用功率衰减模型			
波长（纳米）:	905.0	发射孔径透射比:	0.900
激光峰值功率（瓦）:	75.00	接收孔径透射率:	0.900
接收孔径透射率:	163.710	噪声等效功率(10^{-14}W):	2.000
接收孔径（微米）:	499.000	噪声带宽（兆赫兹）:	1300.00
光束垂直发散角（度）:	0.802	光束水平发散角（度）:	0.080

图7-9　PanoSim 的激光雷达参数

(2) 基于毫米波雷达的感知

毫米波雷达的测量精度不如激光雷达，但其成本较低，体积也相对较小。另外，毫米波雷达具有较强的穿透力，能够适应大部分的恶劣天气，因此毫米波雷达在智能驾驶的传感器方案上得到了大量使用。目前，毫米波雷达广泛应用于自适应巡航（ACC）、自动紧急避撞（AEB）等 ADAS 功能中。毫米波雷达在环境感知中能够提供目标的位置信息，并能根据多普勒效应得到目标的速度信息。

与基于激光雷达的感知类似，毫米波雷达对目标物的检测主要包括雷达数据的解析、有效目标的选择和目标的追踪三个部分[13]。首先对目标数据进行预处理（图 7 - 10），剔除雷达数据中的空目标与干扰目标，完成有效目标的初选。

图 7 - 10　目标数据预处理流程

由于毫米波雷达在对目标的识别过程中会出现目标丢失、ID 跳变等问题，初选后还需要对目标进行后续处理，即利用卡尔曼滤波算法对目标的运动参数进行估计，然后与雷达的返回数据进行对比，选取有效目标。接着判断有效目标的生命周期，即描述有效目标从出现到最后消失的整个过程，从而将目标运动过程分为形成、持续、跟踪、消亡四个阶段，实现最终的跟踪。

毫米波雷达的目标感知过程同样给基于模拟仿真的场景和传感器本身的建模提出了要求：

1）雷达模型的输入为目标模型和环境模型。目标模型主要是指雷达建模感兴趣的交通车辆、交通标志、房屋建筑以及行人等。

2）环境模型指护栏、大地、树木、草丛、雨雪天气等因素，强调逼真地模拟杂波对目标的干扰。其中，地物杂波对毫米波雷达的影响较大，需模拟风的作用下树木、草丛的运动效果，以及大气中的雨雪等气象粒子会造成雷达信号的衰减，同样至关重要。

3）毫米波雷达自身模型要能完成实际传感的基本功能，能够探测出物体的位置信息，并保证被遮挡的物体不被探测到。为模拟环境对于毫米波雷达信号传递的影响，需建立起高逼真的功率衰减模型。

(3) 基于雷达感知的实例搭建

这里我们以自适应巡航系统（Adapted Cruise Control，简称 ACC）为例，具体介绍基于雷达的感知系统在仿真测试中的搭建过程。

1）需要根据功能需求进行传感器的选取。对于 ACC 的决策层而言，需要获得两类信息：自车信息和环境信息，其中自车信息包括主车的车速和位移信息等，可以通过 CAN 接口直接获得；而环境信息包括道路信息和目标车信息，目标车信息包括目标车的数量、主车与目标车的相对速度和方位角等，这些信息则需要通过感知系统获得，并且在车辆行驶过程中进行实时更新。因此，ACC 系统的传感系统应该能够提供以上信息，其中毫米波雷达可以提供主车与前车的相对距离和方位角信息，并能利用多普勒效应获得前车的车速信息。

2）需要选取传感器的参数（图 7 - 11）。

图 7 - 11 PanoSim 的毫米波雷达参数设置

PanoSim 所提供的毫米波雷达参数包括其在主车上的安装位置、功能模型（即几何模型）参数。由于毫米波雷达和激光雷达的工作机理有所不同，毫米波雷达的功率衰减模型主要包括发射功率、天线增益、天线有效面积、雷达工作频率、检测阈值六个参量。PanoSim 还提供了毫米波雷达的噪声模型，包括可探测最大速度、雷达带宽、数据刷新率、噪声功率均值和噪声功率标准差等参量。

3）设计测试场景，包括交通、天气等设置。

4）对设计的 ACC 系统进行验证，这一部分会在后续章节进行具体介绍。

5）传感数据的识别处理。PanoSim 中毫米波雷达模型的输出包括目标相对于其的距离、相对速度以及相对角度等。数据处理包括根据自车的横摆角速度判断车辆当前所处的道路是否为弯道；根据目标与毫米波雷达之间的直线距离计算两者间的横向、纵向距离；根据横向距离判断主车和目标车是否在同一车道等。

6）根据处理后的信息执行后续的决策任务等。

(4) 雷达感知在环测试系统

车辆行驶过程中雷达一旦出现问题，就可能引起严重的交通事故，因此需要对智能汽车上的雷达进行严格的测试。这里以毫米波雷达为例，一般是生产厂商对毫米波雷达进行的 OTA（Over the Air）测试，测试其各项细节参数，保证其满足要求，然而这种测试技术并不适用于汽车领域。虽然有一些汽车厂商对毫米波雷达进行实车测试，但是这种测试耗时耗力，并且具有一定的危险性，而且只能在某些固定场景下进行测试，无法证明系统足够安全。因此，可以对毫米波雷达进行硬件在环（HIL）测试，验证雷达的功能。

整个雷达在环系统由毫米波雷达实物、吸波暗箱、收发天线与收发变频器集成设备、数据处理系统和电机驱动器等组成。毫米波雷达在环测试流程如图 7-12 所示。

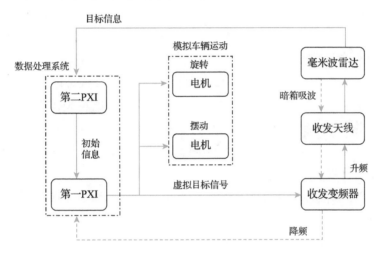

图 7-12　毫米波雷达在环测试流程

其中，数据处理系统中的第二 PXI（PCI extensions for Instrumentation）数据处理系统通过 CAN 总线传送给第一 PXI 数据处理系统初始信息，包括本车与障碍物之间的相对距离、本车与障碍物之间的相对速度等。其过程如下：

1）毫米波雷达发出毫米波，大部分被吸波暗箱吸收，其余被收发天线接收到。

2）收发天线将信号送入收发变频器中，收发变频器将毫米波雷达信号降频到数据处理系统可以接收处理的频率范围之内。

3）接着将信号送入第一 PXI 数据处理系统进行信号分析，生成包括相对速度、相对距离信息的虚拟目标信号。

4）同时控制电机在垂直方向进行摆动，模拟车辆的运动状态。

5）控制电机使旋转盘转动，模拟虚拟障碍物的相位角信息。

6）第一 PXI 数据处理系统生成的虚拟目标信号被送入收发变频器，升频到毫米波雷达的工作频率，通过收发天线将包含虚拟目标信息的毫米波信号发送回毫米波雷达。

7）毫米波雷达接收到虚拟目标信息，将目标信息通过 CAN 总线发送到第二 PXI 数据处理系统。

8）第二 PXI 数据处理系统根据驾驶辅助算法程序解算出下一时刻的本车与障碍物之间的相对距离、本车与障碍物之间的相对速度等信息。

9）再通过 CAN 总线发送回第一 PXI 数据处理系统，进行反复的循环和状态更新。

7.2 智能驾驶决策规划仿真试验

7.2.1 决策规划算法的工作原理

随着人工智能技术的不断发展，智能汽车成为集多学科研究成果于一身的技术实现平台，近年来得到产业界和学术界的青睐。智能驾驶算法的开发主要集中在三个方面：

1）传感感知：通过传感器识别车辆周围的障碍物与环境，建立车辆周围的三维场景。

2）决策规划：在获得车辆周围环境后，决策并规划出一条最优的行驶轨迹。

3）控制执行：通过控制车辆的转向系统以及驱动制动系统使得车辆按照期望的轨迹行驶，通常是进行轨迹跟随控制，包括纵向速度跟随控制以及侧向路径跟随控制。

智能驾驶车辆通过决策规划技术实现在交通环境中的智能行驶，决策规划系统是智能驾驶汽车智能性的直接体现，对车辆的行驶舒适性、行驶安全性起着重要乃至决定性的作用。而汽车行驶环境具有复杂多变、不可预测、不可穷举等特点，导致智能驾驶汽车在行驶过程中的运动轨迹规划问题变得复杂。因此，决策规划算法是智能驾驶汽车研发要解决的关键问题。决策规划算法通常需要融合多传感信息，根据驾驶需求进行行为决策，在能避开可能存在的障碍物前提下，同时考虑时间因素、车辆的运动学等约束条件，规划出两点间多条可选安全路径，并在这些路径中选取一条最优的路径作为车辆行驶轨迹（图 7-13）。

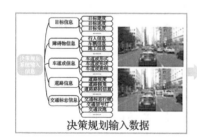
决策规划输入数据
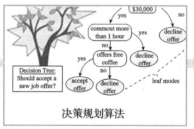
决策规划算法
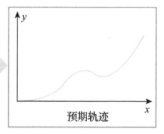
预期轨迹

图 7-13　决策规划算法工作原理

(1) 智能驾驶中的行为决策方法

行为决策是根据具体的道路状况、交通规则、其他车辆与行人等情况产生的车辆下一步的行驶动作，以保证在动态交通环境中安全、高效的行驶。同时，由于传感信息的更新频率较高且数据量巨大，近年来对行为决策又提出了实时性要求。

目前，最具有代表性的行为决策方法是基于有限状态机（Finite State Machine，简称 FSM）方法。车辆根据当前环境选择合适的驾驶行为，例如停车、换道、超车、避让、缓慢行驶等模式，状态机模型通过构建有限的有向连通图来描述不同的驾驶状态以及状态之间的转移关系，从而根据驾驶状态的迁移反应式地生成驾驶动作。DAPRA 比赛中 Junior 车队行为决策系统根据大赛的具体参赛环境设定了 13 个状态，如图 7 – 14 所示。有限状态机模型因为简单、易行，是智能驾驶领域目前最广泛的行为决策模型，但该类模型忽略了环境的动态性和不确定性，当驾驶场景特征较多时，状态划分和管理比较繁琐，多适用于简单场景下，很难胜任具有丰富结构化特征的城区道路环境下的行为决策任务。

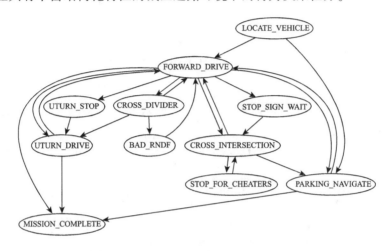

图 7 – 14　DAPRA 比赛中 Junior 车队的决策系统

行为决策树模型是通过当前驾驶状态的属性值反应式地选择不同的驾驶动作，不同的是该类模型将驾驶状态和控制逻辑固化到了树形结构中，通过自顶向下的"轮询"机制进行驾驶策略搜索。行为决策树模型的难点在于需要针对场景离线定义决策网路，当状态及行为空间较大时，控制逻辑比较复杂，同时无法考虑交通环境中存在的不确定性因素。

推理决策模型是由"场景特征 – 驾驶动作"的映射关系来模仿人类驾驶员的行为决策过程，该类模型将驾驶知识存储在知识库或神经网络中，通过"查询"机制从知识库或训练过的网络结构中推理出驾驶动作。推理决策模型主要包括基于规则的推理系统、基于案例的推理系统和基于神经网络的映射模型，对先验驾驶知识、训练数据的依赖性较大，同时由于存在"黑箱"问题，模型的解释性较差且对数据要求较高，目前应用并不广泛。

(2) 智能驾驶中的轨迹规划方法

轨迹规划是智能驾驶汽车的基础及核心技术之一，其作用是求解出一系列连续的控制输入或可行的运动状态使得汽车能够安全地由初始状态到达目标状态。求解结果不仅要满足汽车的运动学及动力学约束，同时还要满足结构化道路带来的几何约束以及交通法规约束。运动规划问题最早出现在机器人领域，特指考虑移动主体和障碍物之间的几何关系，找到一条不发生碰撞的静态路径。近年来，智能驾驶汽车的轨迹规划借鉴了许多机器人领域的研究思路，汽车同机器人的不同在于车辆行驶环境非常复杂、车辆系统的非线性等，导致了智能驾驶汽车在行驶过程中的轨迹规划变得越来越复杂。

图搜索又称离散搜索，是经典的规划算法之一。基于图搜索算法，轨迹规划问题可以被建模为一个状态转移过程，常见图搜索算法包括 Dijkstra 算法和 A* 算法。Dijkstra 算法是寻找单源最短路径的图搜索算法，在进行节点扩展时，Dijkstra 算法的排序函数按照当前已付代价对队列排序，选择代价最小实现扩展。Dijkstra 算法排序函数的特性决定了算法在访问某个节点之前必须访问所有已付代价小于该节点的节点。A* 算法是在 Dijkstra 算法中加入启发函数，A* 算法的排序函数同时考虑当前已付代价与未来启发代价对队列排序，A* 算法比较适合先验已知环境中的搜索，基于 A* 算法诞生多种改进方法，例如 dynamic A*（D*）、Field D*、Anytime D*（AD*）等。

曲线拟合法通过给定路点生成可行、舒适及满足其他参数约束的轨迹。由于曲线自身不具备导航能力，因此曲线拟合法的实现通常需要一系列先验已知的路点，并基于这些路点产生出连续、光滑的轨迹。目前，基于曲线拟合的轨迹生成及轨迹规划方法是现阶段智能汽车领域最为常见的方法之一。常用的拟合曲线包括圆弧/直线、螺旋线、多项式曲线、贝塞尔曲线、B 样条曲线等。基于曲线拟合方法具有较高的实时性，但参数化的曲线仅能表现有限的几何特征，从而降低了方法的普遍适用性。

增量搜索法在求解速度上具有相当的优势，通常使用的是基于采样的增量搜索方法（Rapidly – exploring Random Tree，简称 RRT）。RRT 方法因其优良的特性在汽车领域得到广泛的应用。RRT 的采样过程并不关心整个完整的空间，而是通过一个稠密的采样序列的引导，在每个搜索步长上对空间进行一次采样，从而逐步递增地向整个空间扩张，随着采样次数的增加，快速搜索树逐步覆盖整个搜索空间。

7.2.2 虚拟仿真测试的必要性

当前智能驾驶系统的测试验证均是基于开放道路的测试，这种方法耗费巨大且效率低下，同时大多常规自然驾驶情况没有考虑极限边界测试工况。此外，由于道路测试具有很强的随机性，会导致智能驾驶系统失效的工况也很难复现，鉴于道路测试的诸多问题，在虚拟环境下进行决策规划系统仿真测试更具有优势。

1）虚拟仿真测试使得决策规划系统开发门槛低，节约资源投入。

测试是决策规划系统投入使用的保障，传统的汽车控制器开发通常使用路试的方法对算法进行考验，根据相关资料，智能驾驶汽车的测试验证倘若使用道路测试需要持续测试 640 亿 km，这是汽车产业不能接受的。真实路试费时费力的弊端恰好是模拟仿真测试的优势，虚拟测试可以通过并行计算等方式进行 $7 \times 24h$ 自动化加速测试，极大地节约测试周期和资源投入，例如谷歌公司的无人驾驶仿真测试可以达到每天 480 万 km 的测试，这在很大程度在于其决策规划算法的测试，同时也代表了未来智能驾驶汽车测试的潮流。

2）虚拟仿真测试易于构建复杂极端工况测试系统边界，提高测试安全性。

智能驾驶决策规划系统测试的输入是场景，真实道路测试所遇到的行驶场景多数是常规的，而决策规划系统的测试更加关注极端的边界场景，这就导致真实路测多数是无效的。虚拟仿真环境下可以构建危险行驶环境，包括现实测试中的小概率事件和超现实的人工边界场景，用于测试智能驾驶决策规划系统在危险场景中是否能正常工作，可提高决策规划系统的性能。同时由于小概率事件在道路测试中不易产生且极其危险，虚拟环境下对决策规划系统进行测试保障了测试的安全性。

3）虚拟仿真测试易于复现系统失效场景，增强测试针对性。

在测试中一旦系统出现失效情况，能记录并重现造成系统失效的场景，对于决策规划系统性能的提升具有显著作用。真实道路测试中智能驾驶汽车出现故障，通常通过智能电脑回放数据，如果进行重建也是在虚拟环境下进行复现，在真实测试中考虑到安全因素难以复现。虚拟仿真测试对于复现测试场景通常只是通过设置场景参数，同时可以对失效场景进行分析，可衍生出更多类型的场景用于测试。

7.2.3 仿真测试环境的搭建方法

(1) 决策规划系统仿真测试框架

车辆通过驾驶决策与轨迹规划技术实现在交通环境中的自主驾驶，体现了系统的智能性。虚拟仿真中决策规划系统开发及测试框架如图7-15所示，用户在进行自主研发和测试时只需关注所研究部分的算法，根据软件预留接口及规则进行用户算法的软件部署。

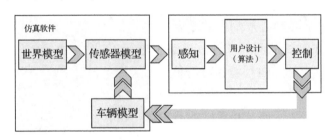

图7-15 虚拟仿真中决策规划系统开发及测试框架

(2) 决策规划系统仿真测试的搭建要点

决策规划系统输入是感知系统的输出，通常是经感知算法处理后的车道线、障碍物以及交通标志等信息。

行为决策过程主要面临下列问题：

1）真实的驾驶场景千变万化，如何准确识别并动作以提高行为决策算法的覆盖度？

2）小概率场景的决策问题，如何设计并对决策算法进行压力测试？

3）交通参与物的运动预测，在多智能体环境中考虑不同运动体并准确预测场景内每一个场景元素的行为，当系统中存在异常性的交通行为时，如何预测并设计安全机制？

4）可靠的异常处理机制用于智能驾驶系统失效等异常情况。

典型的有限状态机方法无法胜任城市道路工况的决策任务的主要原因是状态机的状态数量有限，无法穷尽智能驾驶汽车行驶的全部工况。倘若设计过多的状态会导致状态机运行缓慢，并且依据人工设计理论上也无法穷举所有状态。虚拟场景库具备大量的丰富场

景，可用于对决策系统进行测试，从而提高决策算法的鲁棒性和覆盖度。

真实道路测试的痛点在于无法为决策系统提供具有挑战性的边界场景，通常路试遇到的场景都是常规场景，因此对于决策系统的测试而言，没有小概率的边界场景就无法遍历决策算法的决策分支，真实道路测试时出于安全性考虑，无法设计边界场景。然而在虚拟仿真环境下，具有大量的描述可能会对智能驾驶汽车造成影响，运用此类场景可对决策系统进行压力测试。

异常处理机制是智能驾驶系统失效后的最后一道防线，通常异常处理算法的触发是在边界场景下，传统的道路测试遇到边界场景的概率低，这也就导致通常不能测试到异常处理机制，但在虚拟仿真环境下可大量产生边界场景等小概率事件，因此可以更好地测试异常处理机制，保障智能驾驶汽车的安全。

相对于决策系统而言，规划系统相对简单，主要是根据决策任务求解出一系列满足汽车的运动学及动力学约束、结构化道路的几何约束以及交通法规约束的预期轨迹，用于控制系统进行轨迹跟随。规划系统接收决策系统的决策任务后，根据目标点和起始点的信息，识别当前场景中的潜在障碍物，通常在规划系统设计时称为感兴趣区域（Region of Interest，简称 ROI），进行识别和分类并预测，同时利用相关的规划方法规划出一条无碰撞的行驶轨迹。

ROI 的选择和区分是轨迹规划中的重要问题，真实道路测试通常是在测试试验场或开放道路中进行，这一类测试场地的特点是交通环境相对简单，无法为规划算法提供过多的障碍物输入，如图7-16所示，主车 SV 进行弯道的自适应巡航，其跟踪的目标即 ROI 的判断是功能设计时必须要考虑的问题，正确地选择 ROI 目标是提升系统鲁棒性的关键。在真实道路测试时，通常会遇到类似图 7-16 所示的工况，仿真测试则起到很好的补充作用，仿真软件中的场景具备复杂度属性。因此，在虚拟仿真中进行规划系统的测试更易于创造复杂的场景，在选择场景时可根据需要选择

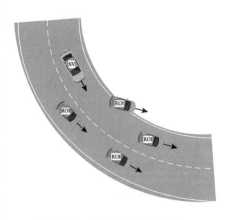

图 7-16 ROI 的识别和区分

不同的复杂度，同时根据仿真需要设置相关需求后，来全面衡量在复杂场景下规划算法的能力。

7.3 智能驾驶运动控制仿真试验

7.3.1 运动控制算法的工作原理

智能驾驶汽车运动控制算法的目的在于短时间内能够精确、平稳且快速地跟踪期望轨迹，并使得汽车能够适应不同交通环境，保持行驶安全性、乘坐舒适性和操纵稳定性。智

能驾驶系统的运动控制部分接受来自决策规划系统的预期轨迹并进行轨迹跟随（图7-17）。车辆的轨迹跟随问题分为速度跟随和路径跟随。速度跟随控制主要是将期望车速和实际车速之间的偏差经过计算得到期望的加/减速度，利用所建立的车辆纵向动力学逆模型将加/减速度转换成加速踏板开度/制动踏板开度，经过执行机构对车辆进行纵向控制，使得车辆实际车速准确快速地跟随期望车速，同时保证驾驶操纵过程合理且平顺，乘员舒适性体验较好。路径跟随控制主要是根据已知路径和当前位置或航向角之间的偏差，通过直接或间接方法得到该偏差与转向盘转角之间的函数关系，进而通过控制车辆转向盘转角使得车辆行驶路径收敛至期望路径，同时考虑行车过程的舒适性和稳定性。

图 7-17　运动控制算法的工作原理

（1）运动控制系统的输入和输出

1）运动控制系统的输入。运动控制系统的输入是决策规划系统的输出，即安全高效的预期轨迹，实现对预期轨迹的跟随。预期轨迹既可以在状态空间中表示，也可以在笛卡儿坐标系中表示。通常轨迹规划的输出是预期轨迹，是描述智能驾驶汽车的空间位置和时间位置的数据集合。

2）运动控制系统的输出。在仿真回路中，控制系统的执行环节是车辆或车辆模型，因此控制系统输出应该为车辆的控制信号。其控制信号主要包含节气门开度、制动主缸压力、转向盘转角、档位模式标志及档位。

模拟仿真软件 PanoSim 中的车辆控制信号如图 7-18 所示。当部署控制算法时，需将驾驶员模型同车辆模型的控制信号断开，将用户研究的算法输入经过相应的转换后传给车辆模型，PanoSim 中车辆控制信号的数值类型及单位如图 7-18 所示。

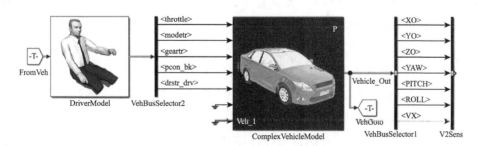

图 7-18　PanoSim 仿真软件车辆控制界面

Serial number	Input/Output	Signal source	Signal group	Parameter name	type	Unit parameter	Chinese description
1				throttle	单值		节气门
2			Driver_ Powertrian	modetr	单值		档位标志，0 空档，1 手动档，5 自动档，-1 倒档
3	Input	Driver		geartr	单值		当手动档时，决定档位
4			Driver_ Brake	pcon_ bk	单值	Pa	制动主缸压力
5			Driver_ Steer	drstr_ drv	单值	rad	转向盘转角

图 7 - 18　PanoSim 仿真软件车辆控制界面（续）

(2) 运动控制的方法

1）基于最优预瞄理论的轨迹跟随控制方法。最优预瞄控制理论是典型的路径跟随以及速度跟随控制方法，主要分为单点预瞄系统和多点预瞄系统。单点预瞄系统针对的是小曲率工况的路径，驾驶员基于预瞄的路径和期望的路径的差值进行反馈控制。多点预瞄系统则是针对大曲率工况的路径，驾驶员会结合近点期望路径的曲率以及远点的曲率纠正转向盘转角，使车辆回到期望路径上。多点预瞄同单点预瞄的区别是单点预瞄的反馈输入是预瞄路径与期望路径之差，而多点预瞄的输入则是航向角的偏差。预瞄控制算法大多基于这样一个假设：在短时间内，车辆的纵向速度被认为是一个常数或缓慢变化的参数，于是对车辆进行纵向和横向解耦，从而分别进行纵向速度跟随控制与侧向的路径跟随控制。

基于预瞄理论的控制方法，从本质上来说是一种无约束的优化控制方法，因为这种优化控制方法较少考虑到车辆本身与环境的特性，例如执行机构的特性、轮胎的附着特性等，从而使得它无法保证车辆在任何工况下都具有很好的适应性。

2）基于模型预测理论的轨迹跟随控制方法。模型预测控制（Model Predictive Control，简称 MPC）最开始在过程控制工业中取得很大的成功，而 MPC 方法对处理器的计算能力有很高的要求，所以对于需要快速采样以及对实时性要求很高的领域不是很适用。近年来，随着计算机处理器性能的提升以及 MPC 理论本身的发展，基于 MPC 的控制器逐渐开始应用到汽车和航空领域上。

模型预测控制在处理约束和求解最优控制序列方面有着很明显的优势。MPC 控制器也叫作滚动时域控制器，该控制器根据控制系统的动力学模型预测未来一段时间内系统的输出行为。同时，考虑系统中各执行器的动态特性约束以及状态约束，通过求解带约束的最优控制问题，使得系统在未来一段时间内的跟踪误差最小，得到最优的控制输入。MPC 控制器的原理如图 7 - 19 所示。由于模型预测控制算法具有模型预测、滚动优化和反馈校正等优良特性，所以 MPC 控制器具有很好的自适应性以及鲁棒性。

基于最优预瞄理论的运动控制方法往往忽略或简化了车辆运动学约束以及动力学约束，而这类约束不仅对轨迹跟随控制误差有着显著影响，而且对确保车辆的稳定性具有重要的意义。例如在低附着路面上，如果不对轮胎侧偏角进行约束，那么车辆很可能就会出现侧向轮胎附着力饱和，此时如果有外界的干扰，就会出现车辆失稳的可能。而模型预测控制方法能够在求解优化目标函数的过程中将车辆运动学和动力学约束纳入考虑。此外，MPC 的滚动优化和反馈校正特性，能够有效降低甚至消除闭环系统时滞问题所带来的影响。

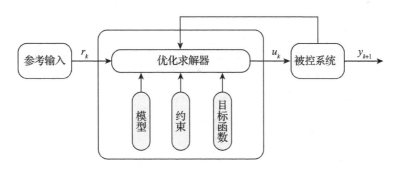

图 7 - 19　MPC 控制器原理图

7.3.2　虚拟仿真测试的必要性

(1) 模拟仿真使得控制系统开发省时、省力

控制系统的开发使用模拟仿真贯穿汽车开发的始终，一方面可快速完成开发初期的简易测试任务，另一方面也可加速完成后期算法的迭代验证工作。传统汽车轨迹跟随系统开发后通常进行典型工况测试，例如双移线工况，通常在测试试验场进行，测试结果依据国家标准进行评判，但通常测试一次需要大量的人力和财力花销。模拟仿真简化了测试流程且降低了测试成本，配合高逼真的车辆动力学模型，使得轨迹跟随系统的仿真在计算机中测试同现实测试保持高度一致，这极大地加快了研究进程。

(2) 测试工况便于重现

许多控制系统的测试需要进行多次重复性的试验，倘若在汽车试验场进行，不仅测试时间长、费用高，而且每次测试的工况复现时也存在误差，这就导致整体测试误差可能得到积累。在模拟仿真软件中进行轨迹跟随控制系统测试时，由于设置了同样的测试工况使得测试结果聚焦在轨迹跟随算法上，从根源上排除了人为误差的影响。

7.3.3　仿真测试环境搭建方法

(1) 智能驾驶运动控制系统仿真测试框架

运动控制系统的仿真测试能够将运动控制算法同智能驾驶系统解耦，仿真软件自身具备感知算法、决策和规划算法以及闭环仿真必需的世界模型、传感器模型和车辆动力学模型。因此，在仿真软件中可以只关注控制系统算法的开发而不必关注整个仿真回路，可进行高效便捷的算法迭代和测试验证工作。典型的智能驾驶运动控制系统仿真框架如图7 - 20所示。

（2）智能驾驶运动控制系统仿真测试的搭建要点

轨迹跟随通过控制车辆来跟随预期轨迹，应该能够满足下列性能要求。

1）跟踪精度：在进行轨迹跟随的控制过程中，要尽可能减小路径跟随和速度跟随的误差，这是对智能汽车轨迹跟随控制的最基本的要求。

2）平稳性：在实现轨迹跟随控制的过程中，在假设给出的期望轨迹合理的情况下，车辆的速度控制要尽量平稳；转向盘转角的控制要适度，避免大角度转向。

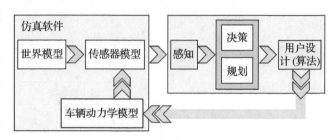

图7-20 典型的智能驾驶运动控制系统仿真框架

3）适应性：车辆的行驶工况十分复杂，轨迹跟随控制算法对不同的工况要有较好的适应性。

从以上角度考虑，智能驾驶运动控制系统仿真度的关键在于高逼真的车辆动力学模型和道路模型，分别用于模拟被控对象和路感反馈。

①高逼真的车辆动力学模型。车辆动力学用于研究车辆对给定输入如何协调车体各部分受力情况作出相应的反应。车辆动力学模型在传统车辆以及智能驾驶车辆的开发和测试过程中都扮演着至关重要的角色。面向控制算法开发的车辆动力学模型，要求模型是满足实时要求的简化线性低阶模型，能够通过模型的状态变化获得系统响应，同时保证车辆系统的参数可以进行监测。

智能驾驶运动控制系统在闭环仿真回路中的被控对象是车辆动力学模型，是整个仿真回路中最重要的部分。动力学模型的准确直接与控制算法的优劣相关，因此构建高逼真度的车辆动力学模型是运动控制系统仿真的关键。

从汽车控制系统模拟仿真技术的发展来看，车辆模型目前已经逐渐成熟，车辆动力学模型在传统汽车的仿真测试过程中已经得到了很大的进步，针对不同的仿真测试目的，已经有了不同自由度的车辆模型，从简单的2自由度车辆模型到复杂的24自由度车辆模型都已经得到了完善。典型的仿真软件（例如PanoSim）提供的高逼真的车辆动力学模型，用于系统的仿真和分析，经过多年实践已经证明可以很好地用于系统研发。

PanoSim仿真软件中的车辆动力学模型包括空气动力学模型、车身动力学模型、转向系统模型、发动机模型、传动系统模型、制动系统模型、悬架系统模型、车轮动力学模型、轮胎动力学模型和路面模型等。

②高逼真的道路模型。在模拟仿真中进行运动控制算法测试时，需要很好地模拟与车辆相关联的场景要素特性。场景要素包括路面附着力、侧向风、坡度以及曲率等的影响，这些因素主要聚焦在道路模型上，道路模型要承载在不同道路环境的信息并反馈给车辆动力学模型，使其反映出控制算法作用效果，这对于智能驾驶运动控制系统仿真是非常重要的。

第8章
典型智能驾驶仿真应用

8.1 自动紧急制动系统（AEB）

自动紧急制动系统（Autonomous Emergency Braking，简称 AEB）是一种通过自动制动来避免或缓解碰撞的辅助驾驶系统。

8.1.1 AEB 系统介绍

AEB 系统通过车载传感器探测前方目标的运动信息（速度、距离等），计算碰撞风险。当碰撞风险超过设定阈值，即车辆与前车存在碰撞风险，则报警或制动以避免相撞。AEB 系统通过警告提示驾驶员进行制动操作。若驾驶员未能做出正确操作，AEB 系统接管驾驶，对车辆进行制动，直至碰撞风险消除。

AEB 系统通常包括环境感知、决策规划和控制执行三部分，如图 8-1 所示。其中，环境感知模块主要检测车辆周边的环境状况和前方的目标信息，并将感知结果输出给决策规划模块；决策规划模块则根据环境感知信息判断碰撞风险并作出避撞决策，包括发出提示、预警信息或制动命令；控制执行模块则根据接收到的命令进行相应的避撞控制和制动执行。

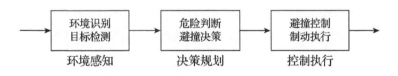

图 8-1 自动紧急制动系统的功能示意图

常用的 AEB 系统环境传感器包括像机和毫米波雷达，环境感知模块通过车载环境传感器对包括车道线和目标等在内的周边环境进行检测和信息融合等。

AEB 系统的决策规划模块根据环境感知信息，进行危险目标的选择和危险性判断，制订提示或警示策略、部分制动或紧急制动等决策命令，并据此形成对车辆速度或制动的控制命令；控制执行模块则是执行控制命令，实现对驾驶员的提示或警示、对制动系统的控制执行，如图 8-2 所示。常用的 AEB 模型有碰撞时间模型、安全距离模型、避免碰撞最小减速度模型等。下面主要介绍基于碰撞时间模型的 AEB 系统。

碰撞时间（Time to Collision，简称 TTC）指的是在同一路径上同向行驶的两车保持自身速度，直到碰撞发生所需要的时间。应用最广泛的 TTC 的经典公式如下：

$$TTC = -\frac{S_r}{v_r} \qquad \text{一阶 TTC}$$

$$TTC = \frac{-v_r - \sqrt{v_r^2 - 2a_r S_r}}{a_r} \qquad \text{二阶 TTC}$$

式中，S_r 是两车的相对距离；v_r 是两车的相对速度；a_r 是两车的相对加速度。

基于 TTC 模型的 AEB 系统将计算得到的 TTC 与设定阈值进行比较，按风险等级将 AEB 系统分为安全、警告、部分制动、完全制动共四个模式。在制动加速度方面，AEB 系统在主动制动时更多的是对行车安全的考虑，忽略了对驾乘舒适性的影响，一旦 AEB 系统介入车辆的行车状态，希望能够极大地保障行驶安全性。同时，在大部分情况下，较小的制动力就能够避免碰撞。参考驾驶员的平均制动加速度 $-0.52g$，峰值制动加速度 $-0.92g$，可以取 $-5m/s^2$ 和 $-9m/s^2$ 作为部分制动和完全制动的加速度。

阈值方面取 T_1 为预警阈值，T_2 为部分制动阈值，T_3 为完全制动阈值。阈值有不同的

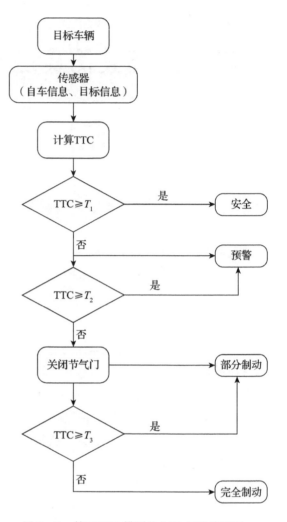

图 8-2　基于 TTC 模型的 AEB 系统流程图

选取方式，阈值的合理性是 AEB 系统有效的关键。通常来说，车速越高，所需的 TTC 阈值越大。考虑到 AEB 系统制动后，两车距离在 $1 \sim 3m$ 较为合适。完全制动的阈值 T_3 设定为 $0.8s$，部分制动的阈值 T_2 设定为 $2s$，预警阈值 T_1 设定为 $2.6s$，能满足大部分工况。

车辆传感器对前方进行探测，当探测到前方有目标车辆时，将目标车辆的速度、距离等行驶信息和本车的行驶信息输入给控制模块，计算 TTC。当 $TTC > T_1$ 时，表明无碰撞风险，不对外输出指令；当 $T_2 < TTC \leq T_1$ 时，有较低的碰撞风险，控制模块输出警告指令，警示驾驶员；当 $T_3 < TTC \leq T_2$ 时，碰撞风险较大，控制系统接管车辆，关闭节气门，并进行部分制动；当 $TTC \leq T_3$，碰撞风险极大，进行完全制动操作。

AEB 系统的执行模块一般包含预警装置、发动机管理系统和制动装置。预警装置一般为声光警告。当控制器发出警告指令时，警告器的警示灯和蜂鸣器开始工作，警示驾驶员。当需要紧急制动时，系统首先关闭节气门，然后对车辆进行主动制动，一般制动通过 ESP 系统来实现。

8.1.2 AEB系统仿真构建

AEB系统采用PanoSim和Matlab/Simulink联合仿真建模方式，如图8-3所示，具体建模流程为：

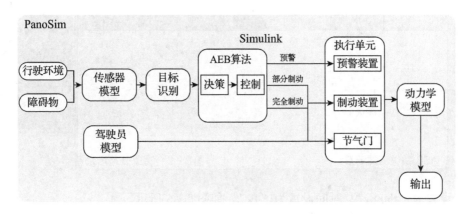

图8-3 AEB系统仿真

1）在PanoSim中建立行驶环境模型，包括道路、天气、路面等，以及包括干扰车和行人等障碍物的位置及运动行为。

2）在Simulink中建立传感器模型，包括像机和毫米波雷达模型，输出目标检测结果。

3）在Simulink中建立目标识别模块，根据目标识别算法识别前方的障碍物，并产生障碍物的运动信息。

4）在Simulink中建立AEB控制算法模块，根据前方障碍物的信息评估碰撞风险，并相应输出控制命令。

5）在Simulink中建立驾驶员模型，模拟驾驶员转向与制动操作。

6）在Simulink中建立执行模块，包括转向与制动执行操作。

7）在Simulink中建立车辆动力学模型，根据执行模块的转向和制动执行命令，输出对应的车辆运动轨迹。

8.1.3 AEB系统仿真实例

AEB系统仿真测试分别需要搭建场景和测试车辆模型，并在此环境下设计AEB控制算法。仿真场景包括路况、天气、行人、障碍车等，车辆模型包括驾驶员模型、车辆动力学模型和传感器模型等。

AEB系统测试场景如图8-4所示。测试车辆以$v_1 = 30\text{m/s}$的速度向前运动，测试车前方40m处有一速度$v_2 = 20\text{m/s}$的障碍车1，测试车前方220m处有一静止的障碍车2。当测试车与障碍车1完成交互后，障碍车1进行换道操作。测试天气为晴天，柏油路面，选取毫米波雷达作为目标检测传感器，以一阶碰撞时间模型作为安全模型，采用PanoSim搭建AEB系统仿真模型，进行AEB系统的仿真测试。

首先，在 PanoSim 设置试验场地为高速公路，如图 8-5 所示。

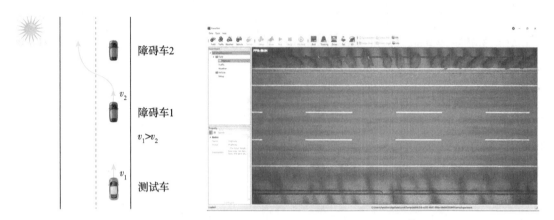

图 8-4　AEB 系统测试场景　　　　　　　　　图 8-5　高速公路场景图

天气设置为"Sunny"，时间设置为"12"，如图 8-6 所示。

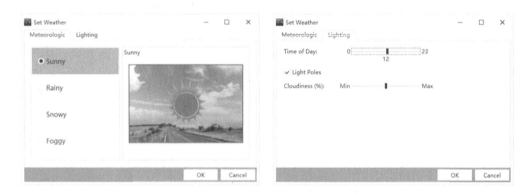

图 8-6　天气设置

然后添加障碍车辆，在界面上方场景工具栏中单击"Vehicle"按钮，选择所需要的障碍车辆，按住鼠标左键将其拖动到场地道路上，并设置速度和运行轨迹，如图 8-7 所示。

图 8-7　障碍车 1 设置

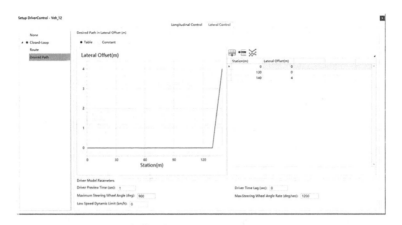

图 8-7　障碍车 1 设置（续）

在规划位置放置障碍车 2，如图 8-8 所示。

图 8-8　障碍车 2 设置

随后，添加测试主车，如图 8-9 所示，在界面上方场景工具栏中单击"Vehicle"按钮，选择所需要的测试车辆"Veh_1"，按住鼠标左键将其拖动到场地道路上，并按照设定添加位置和速度参数。

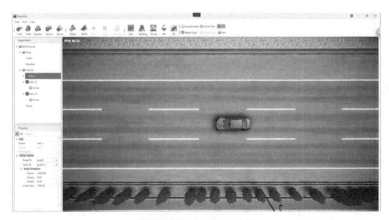

图 8-9　测试车辆参数

在 PanoSim 中，设置毫米波雷达作为传感器，选中"Add Sensors"，再单击"Radar"，毫米波雷达传感器的属性参数采用默认设置，如图 8 - 10 所示。

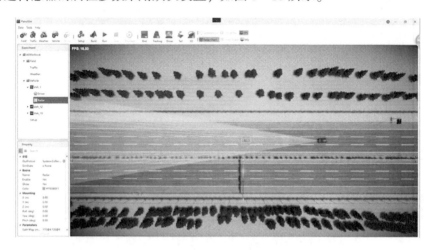

图 8 - 10　毫米波雷达传感器设置

在整个测试过程中，驾驶员有效的行为包括制动、踩加速踏板、转向。

车辆控制模块是 AEB 系统最重要的部分，它包含障碍物检测、碰撞预测、逻辑判断。控制模块的输入为传感器读取的目标信息和自身信息，输出为警告、部分制动、完全制动等指令，如图 8 - 11 所示。

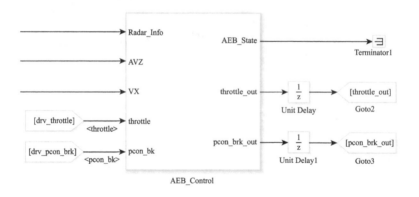

图 8 - 11　控制系统输入输出

检测障碍物时，根据本车的横摆角、速度确定前方道路的曲度。通过毫米波雷达和摄像头检测车道线和前方障碍物的径向距离、角度，并判断障碍物是否在本车行驶路径上，若障碍物和本车在同一条路径上，将该障碍物的位置和速度信息输出给后续的控制算法，用于决策控制。碰撞预测模块计算车辆与前车的 TTC，并将数据传输给逻辑判断模块。逻辑判断模块将自车和前车的 TTC 与设定的阈值对比，判断车辆的风险等级，并根据判断结果输出执行指令。执行模块根据控制模块的输出结果，进行相应的预警、关闭节气门、部分制动、完全制动等操作。

运行仿真模型，测试车以 $v_1 = 30\text{m/s}$ 的速度前进，前方 40m 处有障碍车 1，当车辆行驶 1.4s 时，$TTC = T_1$，测试车开始报警；2s 时，两车间距为 20m，$TTC = T_2$，测试车辆开始部分制动；部分制动约 2s 后，两车间距约 10m，$TTC > T_1$，两车碰撞风险解除。继续行驶 3s 后，障碍车 1 进行换道操作。测试车探测到前方静止的障碍车 2，此时测试车和障碍车的间距为 42m，$T_2 < TTC$，车辆在驾驶员操作下开始加速，随后 $T_1 < TTC < T_2$，车辆开始部分制动。行驶约 2s 后，两车间距为 23 m，$TTC = T_3$，开始完全制动。行驶约 1.1s 后，两车间距为 5.5m，测试车停止，解除制动和警告。测试车速度曲线如图 8-12 所示。

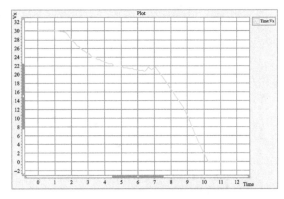

图 8-12　测试车速度曲线

8.2　自适应巡航控制系统（ACC）

8.2.1　ACC 系统介绍

自适应巡航控制系统（Adaptive Cruise Control，简称 ACC）是一种高级驾驶辅助系统（Advanced Driver Assistance System，简称 ADAS），其功能在定速巡航系统（Cruise Control System，简称 CCS）的基础上进行了改善和升级，使车辆能够根据雷达等传感器获取的行驶环境信息，自适应地调整纵向运动模式，实现避撞和目标跟随等功能。若检测到前方存在目标，则跟随目标，并调整加速度使间距维持在期望值；若前方未检测到目标，则控制车辆以期望速度运动。从功能上来看，在高速公路上驾驶或执行频繁起停任务时，启动 ACC 功能可以解放双脚，驾驶员只需要控制转向盘，从而可以缓解驾驶疲劳。ACC 可减少不必要的加减速动作，提高驾乘的安全性和舒适性。从交通管控的角度来看，可改善交通流量，提高交通运行效率。从环保角度来看，可减少燃料消耗和污染物的排放。

如图 8-13 所示，控制单元是 ACC 系统的核心，实现感知、决策和控制，可简要概括为：信息采集单元得到的环境数据，经目标识别算法转化为前方目标物信息；决策算法结合自车状态和前方目标信息确定车辆的纵向期望加速度，控制器以加速度为期望信号，通过控制驱动和制动机构，使车辆实现对期望加速度的跟随和车辆控制参数的输出，具体如图 8-14 所示。

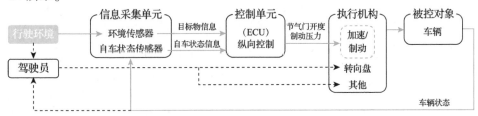

图 8-13　ACC 系统框架

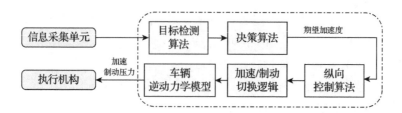

图 8-14　ACC 控制逻辑

8.2.2　ACC 系统仿真构建方法

在 ACC 系统开发过程中，对系统功能的验证贯穿其中。采用 XIL 虚拟仿真技术，可实现快速、灵活、可重复的验证。以 PanoSim 为例的虚拟仿真软件，能够提供仿真必要的虚拟行驶环境设置、传感器模型等，并结合 Matlab/Simulink 仿真提供驾驶员模型、车辆动力学模型等。

开发流程的不同阶段，对应的仿真方法分别为：

(1) 开发初期——模型在环仿真

采用模型在环仿真方法初步验证系统功能逻辑的正确性，其中控制器与被控对象以及为车辆运动提供转向的驾驶员均在 PC 上模拟，如图 8-15 所示。

图 8-15　ACC 模型在环仿真

(2) 开发中期——软件在环仿真

采用软件在环仿真方法验证将在硬件上运行的代码的可靠性，代码以 ECU 或处理器为载体接入到仿真闭环，被控对象和驾驶员仍然在 PC 上模拟，如图 8-16 所示。

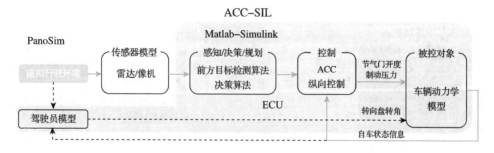

图 8-16　ACC 软件在环仿真

(3) 开发中后期——硬件在环仿真

采用硬件在环仿真方法验证整个系统在硬件上的实时运行情况，控制闭环中的被控对象和控制器采用真实硬件，运行在实时仿真机和实时控制器上，如图 8-17 所示。

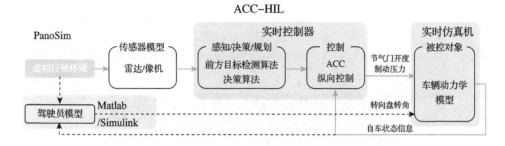

图 8-17　ACC 硬件在环仿真

(4) 人在回路仿真

人在回路主要验证人与系统交互的能力，将人引入系统的测试与评价环节，如图 8-18 所示。

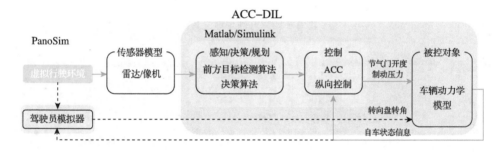

图 8-18　ACC 人在回路仿真

8.2.3　ACC 系统仿真实例

本小节采用 PanoSim 和 Matlab/Simulink 联合的方式搭建平台，完成 ACC 系统的模型在环仿真。以图 8-15 中模型在环虚拟仿真系统框架为基础，虚拟仿真环境搭建及测试流程如下：

(1) 行驶场地设置

采用 PanoSim 提供的场景编辑器（Field Builder）功能，如图 8-19 所示，设置行驶场地的路形、路面、天气等（三车道，水泥路，路面摩擦系数为 0.8）。

(2) 仿真系统搭建

车辆编辑器（Vehicle Builder）提供了对车辆性能和传感器的基本设置。如图 8-20 所示，选择搭载 ACC 功能的复杂车模型，传感器为毫米波雷达，干扰车（前车）选择简单车模型。

在 PanoSim 和 Matlab/Simulink 中完成 ACC 仿真系统搭建，如图 8-21 所示。

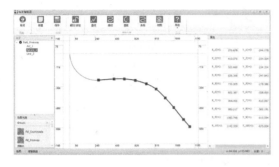
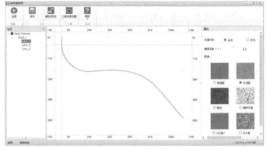

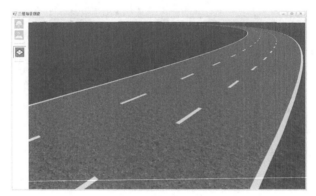

图 8-19　行驶场地设置

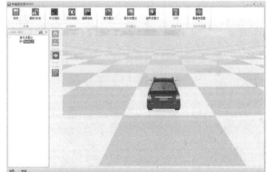

图 8-20　车辆性能和传感器基本设置

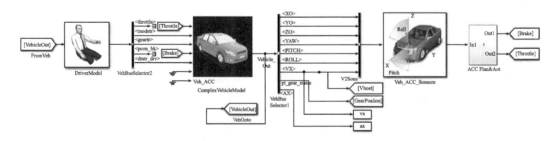

图 8-21　基于 PanoSim 和 Matlab/Simulink 的 ACC 仿真系统

(3) 测试案例设计

在真实交通场景下，通常在高速公路上使用 ACC 功能，如果不考虑紧急制动情况，ACC 在实际环境中面临的行驶工况大致分为自由行驶、跟随行驶、车辆从相邻车道切入以及前方车辆驶离四种情况。根据这四种典型工况设计了 ACC 的测试案例，具体见表 8 - 1。

表 8 - 1　ACC 测试案例

案例编号	具体描述		场景示意图
1	自由行驶（Free - flow） 被测车辆前方没有车辆或障碍物		
	期望速度	$v_{desire} = 60km/h$	
2	跟随行驶（Car - following） 被测车跟随前车行驶，无需换道和超车		
	初始状态	$d = 20m\ v_{front} = 80km/h$	
	期望速度	$v_{desire} = 90km/h$	
3	前方切入（Cut - in） 前方有相邻车切入，车辆由自由行驶状态转化为跟随状态		
	初始状态	$d = 20m\ v_{front} = 55km/h$	
	期望速度	$v_{desire} = 90km/h$	
4	前车驶离（Cut - out） 前方有车辆驶离并进入相邻车道，车辆由跟随状态转化为自由行驶状态		
	初始状态	$d = 30m\ v_{front} = 55km/h$	
	期望速度	$v_{desire} = 90km/h$	

(4) 测试结果及分析

测试结果见表 8 - 2。从测试结果曲线中可以看出，车辆自由行驶过程前期速度波动较大，后期有趋于平稳的趋势；跟随过程中，前期车辆速度随前车速度变化，当达到期望速度后，便不再随之增加；当前方有车辆切入时，车辆能够及时反应并减速，随后跟随前车运动；当前方有车辆驶离，且前方不存在其他目标时，车辆具备由跟随状态转化为自由行驶状态的能力。总体来说，测试结果显示该算法大体实现了 ACC 的基本功能。但是从加速度曲线可以看出，加速度波动明显，不符合 ACC 系统舒适性要求，因此系统有待继续优化。

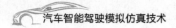

表 8 − 2　ACC 测试结果

案例编号	PanoSim 场景搭建	干扰车（简单车模型）设置	测试结果
1		无干扰	
2			

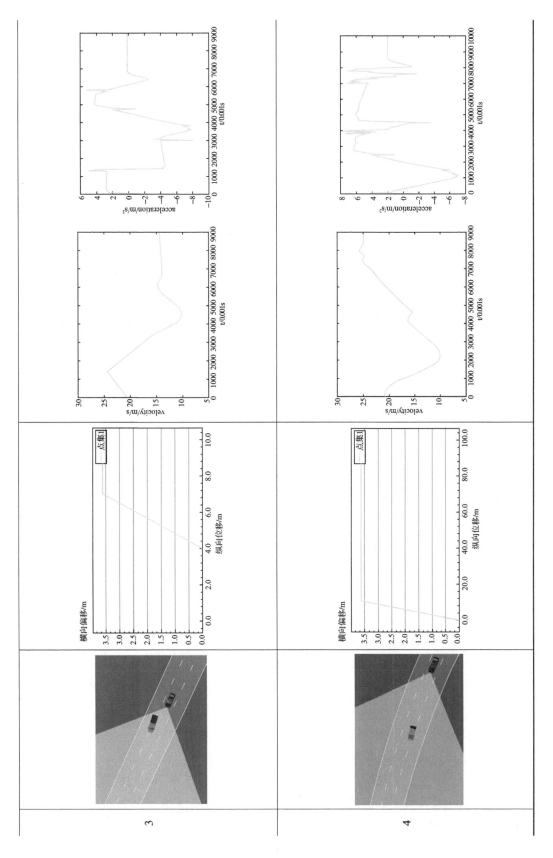

8.3 车道居中控制系统（LCC）

8.3.1 LCC系统介绍

车道偏离是单一车辆事故和正面碰撞事故发生的主要原因。比较典型的交通事故多发生在无意识的换道过程中，驾驶员没有意识到车辆正在偏离车道，直至车辆驶出车道撞到路基甚至撞到对向驶来的车辆，突发状况导致驾驶员恐慌失去对车辆的控制进而引发交通事故。车辆具备车道中心保持功能可以避免此类交通事故的发生。

车道居中控制（Lane Center Control，简称LCC）是一种典型的高级驾驶辅助系统功能。LCC系统利用环境和车辆状态信息来修正车辆与所处环境的相对位置从而为车辆规划出最佳的路径，有效避免因偏离车道而造成的交通碰撞事故，其系统功能和结构如图8-22所示。LCC系统通过安装在车辆前方的像机传感器获取车道线图片信息，然后传输给图像识别系统得到车道线的位置信息，同车辆由自身状态传感器得到的状态信息一同传给LCC控制系统，最后下发控制指令给转向系统完成操作，实现车道线中心保持功能。

图8-22 LCC系统主要功能框架

8.3.2 LCC系统仿真搭建

LCC系统仿真实验主要围绕车辆的车道线识别与路径跟踪能力测试需求进行搭建。测试环境中的道路、天气和交通基于PanoSim软件进行搭建，LCC系统的车道线识别算法、路径跟踪算法在Simulink软件中进行搭建，最后PanoSim与Simulink软件进行联合仿真。

仿真实验主要部分包括道路环境、像机传感、车辆模型配置和算法部分（车道线识别算法、路径跟踪算法）。PanoSim软件提供了可以完成任意形式道路环境的搭建来模拟真实的世界，提供的像机模型可以配置虚拟像机的焦距、视角来模拟替代真实像机，提供的车辆动力学模型可以配置相应参数下的车辆。通过对其参数的调整，可以搭建任意形式的测试环境以满足多样化的测试需求。

根据汽车的V模式开发流程，在开发周期的不同阶段需要不同的仿真测试方式。开发阶段为了验证模型设计是否正确，快速推动研发进度，在虚拟仿真中进行模型在环测试（MIL）和相应的硬件在环仿真（HIL）。

(1) 模型在环

采用模型在环测试初步验证系统功能逻辑，其中控制器与被控对象均在 PC 上模拟，如图 8-23 所示。首先由 PanoSim 的世界模型构建虚拟行驶环境，主要是虚拟道路的构建，道路中的车道线被像机捕获以图像格式的数据传递给车道线识别算法模块，经过车道线识别算法的检测得到车道线的坐标，然后将车道线的坐标信息与车辆的自身参数信息（车速、航向等）输入到路径规划算法模块计算出所需的转向角，最后发送指令到车辆动力学模型控制车辆移动。通过这种方式可以快速验证测试系统的逻辑功能是否正确，加快开发速度。

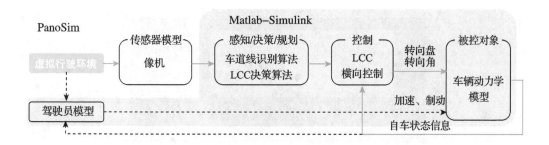

图 8-23　LCC 模型在环仿真系统框架

(2) 硬件在环

采用硬件在环测试验证整个系统在硬件上的实时运行情况，控制闭环中的被控对象和控制器既可以在 PC 上模拟实现，也可以采用真实硬件。模拟的被控对象和控制器需运行在实时仿真机和实时控制器上。HIL 像机在环用真实的像机替代虚拟像机，提高了测试的保真度，像机通过拍摄显示器的方式获取场景道路信息，感知控制算法和车辆动力学模型在实时系统上运行，因此 HIL 相比于 MIL 测试的可靠性得到提升。

8.3.3　LCC 仿真应用实例

通过 PanoSim 和 Simulink 进行联合仿真，首先在 PanoSim 中完成仿真环境的搭建，然后与 Simulink 中搭建的 LCC 控制算法进行联合仿真。LCC 控制算法要实现以下 3 个目标：①实现车道中心线识别（在 8.3.4 小节介绍）；②实现车道中心线的路径跟踪；③实现车辆预期速度控制。

(1) 基于 PanoSim 的仿真环境搭建

首先在 Field 中选择 "Downtown" 场地，然后选择 PanoSim 提供的车道线真值传感器，实现场地车道中心线函数的拟合，具体的搭建过程及仿真场景如图 8-24 和图 8-25 所示。

图 8-24　LCC 仿真环境配置

图 8-25　LCC 道路环境仿真

(2) 像机参数配置

PanoSim 提供了车道线真值传感器 LMK（Lane Marker），可以直接输出车道线的拟合函数。实验之初需要配置像机在车辆坐标系下的位置坐标，像机的视场角和更新频率，以及像机输出的真值数据类型，参数配置如图 8-26 所示。

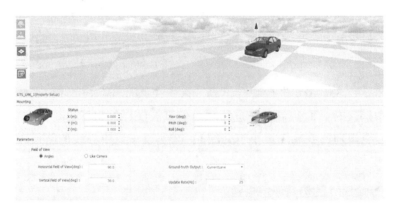

图 8-26　真值传感器参数配置

(3) PanoSim 与 Simulink 的联合仿真

在 Simulink 环境下运行高精度的车辆动力学模型和 LCC 控制算法。通过 PanoSim 提供的车道线真值传感器得到车道线的函数方程，然后建立单点预瞄的路径跟踪模型，并结合控制算法实现高精度的位置和速度跟踪，整体控制模型如图 8 - 27 所示。

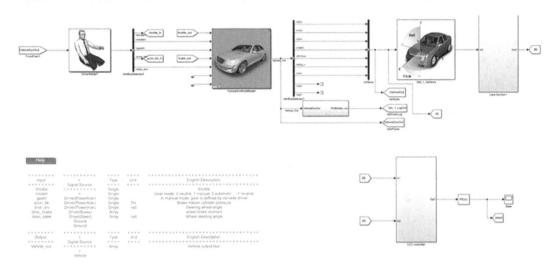

图 8 - 27　基于 PanoSim/Simulink 的 LCC 仿真系统整体控制模型

如图 8 - 28 所示，车辆距离道路中线的距离随着时间的推移越来越近，在 10s 之后跟踪误差趋近于零，之后进入弯道，跟踪误差开始增加。通过以上分析可以看出该算法具有良好的性能，能够满足一定精度范围内 LCC 的功能需求。

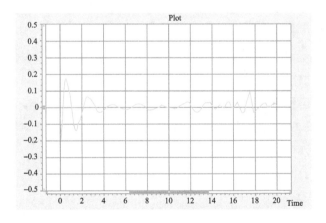

图 8 - 28　LCC 跟踪误差图

8.3.4　车道线检测识别

(1) 车道线识别算法介绍

车道线识别对于车道居中控制（Lane Center Control，简称 LCC）、车道偏离预警（Lane Departure Warning，简称 LDW）等 ADAS 具有重要意义，通过对车道线的检测拟合可作为这些系统的输入。

当前基于视觉感知的车道线检测较为常见，即利用像机获取车道线信息。总体上又可以划分为基于传统算法的车道线识别和基于深度学习的车道线识别两种。其中，传统的车道线检测这里以"边缘检测＋霍夫变换"为例，其算法流程如图8－29所示。这

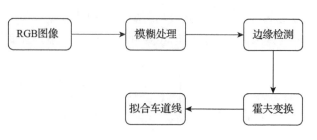

图8－29　传统车道线检测算法流程

种方法可以检测出一些简单场景下主车当前所在的车道线。但是由于这种方法依赖于边缘检测的结果，因此检测效果依赖于边缘检测阈值和感兴趣区域的选择。因此，该方法容易受到环境的影响，其鲁棒性不强。

伴随着人工智能技术的兴起，基于深度学习的车道线识别算法得到了越来越多的应用。相对于传统的检测算法，基于深度学习的车道线检测具有高识别率、高鲁棒性等优点。其思想是利用大量带有标注信息的车道线图像对深度神经网络模型进行训练，通过训练提取出车道线的特征，确定各个神经元的权重。面对不同场景下的车道线，其特征都可以通过模型训练过程被学习，通过不断调整模型参数从而提高识别算法的鲁棒性。

但是深度学习的弊端也很明显，基于深度学习的方法在模型训练的过程中需要大量带有标注的数据，数据的采集标注需要大量的时间和人力成本。而利用虚拟仿真测试可以直接生成带有标注的车道线数据，节省了大量的时间成本。另外，也可以在虚拟仿真环境下对车道线算法进行初步的测试验证，检验算法的识别效果。

（2）车道线识别仿真构建方法

本小节采用PanoSim和Matlab/Simulink联合的方式搭建平台，并通过Pycharm实现基于深度学习的车道线识别泛化，从而完成车道线检测实例的搭建。

虚拟仿真环境搭建及测试流程如下：

1）行驶环境设置。这里采用PanoSim提供的弯道公路场景，并对场景的天气和光照进行设置，如图8－30所示。

图8－30　行驶场地及天气光照设置

PanoSim 提供了丰富的传感器，其中 Mono - Image 传感器可以将仿真环境下像机采集到的 RGB 图像进行显示，这里选择 500 像素 × 500 像素的分辨率，效果如图 8 - 31 所示。

另外，为了方便利用深度学习的方法对图像进行处理，可以通过 TCP 传输等方式，将 Mono - Image 采集的 RGB 图像从 Simulink 中以二进制数组的形式发送到 Python 中进行后续的图像处理，如图 8 - 32 所示。

图 8 - 31　Mono - Image 采集的图像

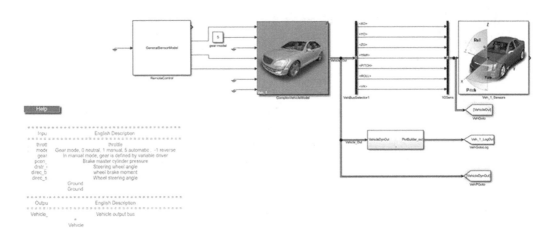

图 8 - 32　基于 PanoSim/Simulink 的车道线检测仿真系统

2）基于 PanoSim 的模型训练。利用 PanoSim 进行车道线识别模型训练，需要获取车道线的标注信息，这里主要提供了两种方式：

①可以通过直接读取实验文件下的 .net.xml 文件，得到实验中的地图信息，其中包含了车道中心点的坐标集合，如图 8 - 33 所示，lane_ id 表示 ID 为 genE2_ 3 的车道信息。

<lane id="gneE2_3" index="3" speed="13.89" length="1022.53"
width="3.75" shape="914.85,-4.26 914.67,7.38 914.48,19.92 914.27,33.30
914.02,47.62 913.72,62.97 913.35,79.46 912.89,97.17 912.33,116.21
911.66,136.68 910.86,158.61 909.43,181.04 906.90,202.95 903.28,224.39
898.64,245.33 892.99,265.72 886.38,285.57 878.84,304.82 870.43,323.47
861.15,341.48 851.06,358.82 840.19,375.48 828.59,391.42 816.27,406.62
803.30,421.05 789.68,434.69 777.47,447.51 760.72,459.47 745.43,470.57
729.67,480.77 713.45,490.05 696.82,498.36 679.83,505.71 662.50,512.06
644.86,517.37 626.97,521.63 608.85,524.82 590.51,526.89 577.04,527.79
563.25,528.48 549.20,528.95 534.93,529.21 520.46,529.28 505.81,529.12
491.02,528.76 476.10,528.20 461.10,527.43 446.02,526.45 430.91,525.27
415.79,523.89 400.74,523.16 400.66,522.31 385.57,520.52 370.54,518.55
355.61,516.36 340.79,513.99 326.11,511.42 311.59,508.64 297.27,505.68
283.17,502.53 274.64,500.46 269.51,499.23"/>

图 8 - 33　.net.xml 文件中的地图信息

②可以通过 Mono – Detection 传感器获取车道线方程，Mono – Detection 传感器可以对车辆、车道线、行人、交通标志等进行实时检测，并输出相关信息。

这里首先选择 Mono – Image 传感器进行介绍。Mono – Image 可以设置像机安装位置、前向视角（FOV）等参数（表 8 – 3），并且使用者和研究人员可以根据需求选择合适的图像分辨率和刷新率。PanoSim 将车道曲线通过三次函数进行表示，可以在 Simulink 中读取车道线方程的四个系数，获取车道线信息，自动生成 Simulink 模块，如图 8 – 34所示。

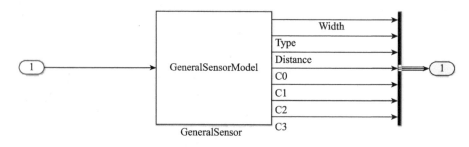

图 8 – 34　车道线检测模块

表 8 – 3　车道线检测模块的参数表

信号名称	类型	描述
Width	数值	检测到目标车道线的个数
Type	数组	0 表示无效，1 表示有效
Distance	数组	有效检测距离
C0	数组	车道线方程常数项系数
C1	数组	车道线方程一次项系数
C2	数组	车道线方程二次项系数
C3	数组	车道线方程三次项系数

利用深度学习的车道线识别算法得到最终检测结果如图 8 – 35 所示。

图 8 – 35　基于 PanoSim 图像的车道线检测结果

8.4 自动泊车系统 (AP)

8.4.1 AP 系统介绍

随着汽车数量的剧增，驾驶员经常要面对将车辆停入狭窄停车位置的难题。在此情况下，自动泊车系统可以用来协助驾驶员完成泊车操作，降低泊车难度，减少泊车过程中车辆发生碰撞的可能性。自动泊车系统（Assistant Parking System，简称 AP）是汽车不用人工干预，通过车载传感器和车载处理器，来实现自动识别车位并停车入车位的系统。随着自动泊车技术的快速发展和市场需求，越来越多的车企开始在车辆上搭载 AP 系统，目前奔驰、大众、通用等众多合资品牌，已经在国产的部分在售车型上配备了该系统。

自动泊车系统主要由感知系统、中央控制器、执行机构系统和人机交互系统组成，如图 8-36 所示。由环境感知系统（例如超声波雷达、像机、毫米波雷达、激光雷达等）来感知车辆的周围环境，并通过 CAN 总线将传感信息传输到中央控制器。中央控制器收到周围环境的信息后处理决策生成目标指令（例如转向盘转角信号、加速信号、制动信号、档位信号等），该指令通过 CAN 总线发送到执行机构系统（例如转向机构、变速器），转向机构接收指令信号并执行相应的动作以完成泊车过程。

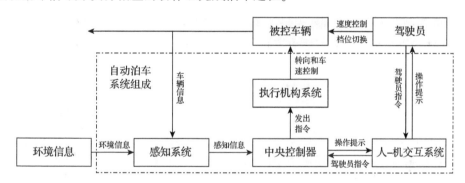

图 8-36 自动泊车系统架构图

根据不同的场景，泊车方式主要有垂直泊车、斜向泊车和平行泊车三种，如图 8-37 所示。

图 8-37 泊车方式示意图

a）平行泊车　b）垂直泊车　c）斜向泊车

8.4.2　AP系统仿真构建方法

(1) AP仿真系统组成

根据仿真实验需要，本小节基于PanoSim仿真软件应用场景编辑器创建或编辑仿真实验所需的三维虚拟场景和环境（包括道路和道路网状结构、道路路面和车道信息、地形、周边建筑和交通设施等）。根据不同的场景，可以建立不同的AP仿真实验，例如垂直、斜向和平行泊车三种。此外，在泊车环境搭建过程中还可以设置干扰车辆、路面的摩擦系数，设置天气情况等。

基于PanoSim的AP仿真可以利用不同传感器：①利用像机检测车位线，通过分析获取的车位线信息来确定停车位位置；②利用超声波雷达检测停车空位，通过分析检测的空旷空间大小来确定停车位位置，并根据超声波雷达检测的前后车距进行泊车路径的规划。

1) 感知单元功能包括泊车环境信息感知和车辆自身运动状态感知。感知单元对环境信息感知主要包括车位检测和自车与周围物体相对距离测量，主要通过在车身加装像机、雷达等来实现。车辆运动状态感知主要通过轮速传感器、陀螺仪、档位传感器等获取车辆行驶状态信息。

2) 中央控制器主要功能有处理感知单元获取的环境信息，得出准确的车位信息，规划车辆泊车轨迹以及车辆的泊车运动控制，包括感知/决策/规划模块和控制模块。中央控制器根据车辆实际泊车位姿与目标泊车位姿偏差，计算出合理的转向盘转角，并实时向转向执行机构发送转向指令。所以中央控制器为泊车系统核心单元。

3) 执行机构系统接收泊车系统中央控制单元发出的目标指令（转向盘转角信号、加速信号、制动信号、档位信号等）并进行操作。

(2) AP仿真测试方法

1) 开发初期——模型在环测试。采用模型在环测试（图8-38）初步验证系统功能逻辑，其中控制器调节车辆转向和车速，车位检测算法、路径规划算法和被控对象（车辆动力学模型）均在PC上模拟，试验效果在PanoSim中展示。

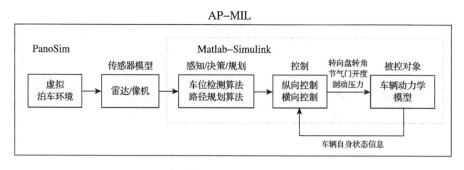

图8-38　AP模型在环仿真

2）开发中期——软件在环测试。当采用模型在环测试初步检验系统功能逻辑合格后，软件在环测试（图8-39）验证将在硬件上运行的代码，感知/决策/规划模块和控制模块的代码以 ECU 或实时硬件为载体接入到测试闭环，被控对象仍然在 PC 上模拟。

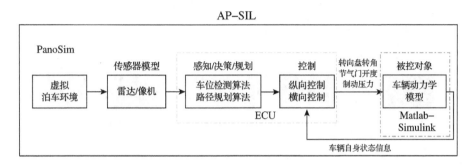

图8-39 AP 软件在环仿真

3）开发中后期——硬件在环测试。为了更好地模拟自动泊车系统在硬件上的实时运行情况，采用硬件在环测试（图8-40）。感知/决策/规划模块和控制模块在实时控制器上运行，车辆动力学模型在实时仿真机上进行模拟。

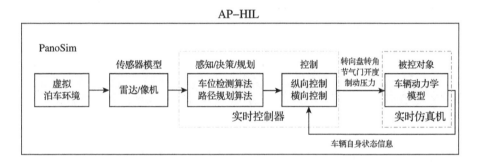

图8-40 AP 硬件在环仿真

8.4.3 AP 系统仿真实例

本小节通过 PanoSim 与 Matlab/Simulink 联合仿真的数据接口，将车辆模型、驾驶员模型和传感器模型输入到 Matlab/Simulink 中，以平行泊车为例搭建仿真实例。

(1) 虚拟场景和环境建模

本实例在 PanoSim 中搭建了平行泊车的场景（图8-41），建立了用于自动泊车仿真实验的平行停车位，设置了干扰车辆、路面的摩擦系数，设置天气情况为白天、晴天。

(2) 车辆传感器模型及参数

PanoSim 中的车辆编辑器可以通过设置车辆参数（例如转向系数、车辆的外形尺寸、重量、动力系统参数等）来帮助研究者实现创建车型。在本实例中，选择车辆编辑器中的 veh_ 1作为实验车辆，在车辆上配置了两个超声波雷达（图8-42）。超声波雷达1安装在车身右侧,利用发出的超声波与接收到的超声波之间的时间差来探测是否存在合适的停车位;超声波雷达2安装在车辆后方的保险杠中间位置,用来探测当车辆在行驶或倒车的过程中与后方车辆或障碍物的距离,以避免碰撞。超声波雷达的安装位置和参数配置信息见表8-4。

图8-41 AP模拟仿真实验场景

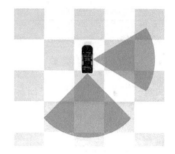

图8-42 超声波雷达安装位置

表8-4 超声波的雷达安装位置和参数配置信息

传感器	X	Y	Z	横摆角/(°)	俯仰角/(°)	水平视角/(°)
超声波雷达1	−1.445	−0.850	0.400	270	0	60
超声波雷达2	−3.650	0	0.500	180	0	90

(3) AP决策控制系统设计

车辆的自动泊车系统主要包括停车位检测、泊车路径规划、车辆运动控制(车速和转向控制),均在Matlab/Simulink环境中搭建实现。

停车位检测模块接收来自超声波雷达传输的环境信息,并对其运算处理。自动泊车开启后,当速度设为2m/s匀速向前运动的车辆,寻找到合适大小的停车位时,停车位检测模块停止运算,并将得到的停车位空间位置信息输出到泊车路径规划与转向控制模块,从而使车辆停止寻找停车位的动作,切换到泊车的模式。

使用超声波雷达传感器1对停车位进行检测。当检测结果为−1时,则说明检测范围内没有障碍物。图8-43横坐标轴对应约8~10s处为检测到的一个停车位。

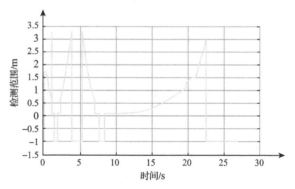

图8-43 超声波检测结果曲线图

泊车路径规划通过处理已找到的停车位空间位置信息,结合车辆自身所处的空间位置信息和障碍物的信息,计算泊车路径。设计合适的泊车轨迹前,首先分析整个泊车动作的完整过程,车辆泊车入位动作依据转向盘转向动作可划分为两部分。以平行向右泊车入位为例,首先转向盘向右转至极限位置,车辆缓慢驶入车位,紧接着转向盘迅速向左转至极限位置,车辆无碰撞地进入车位直至停车,所以两部分倒车轨迹为两个圆弧,通过圆弧相切法生成轨迹,如图8-44所示。

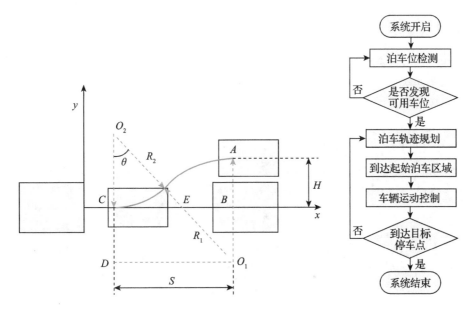

图 8-44 平行泊车圆弧相切的倒车轨迹和流程图

最后，控制器调节车辆以恒定速度和转向沿着泊车轨迹行进，使得车辆无碰撞地驶入停车位。在车辆的转向控制过程中，采用了前馈控制和 PID 反馈控制相结合的方法，如图 8-45 和图 8-46 所示，可以达到更好的控制效果。

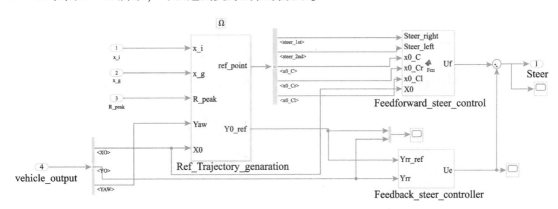

图 8-45 泊车路径规划与转向控制模块图

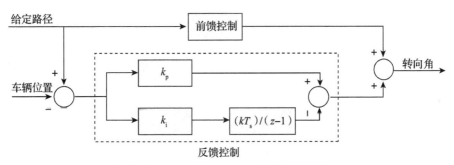

图 8-46 AP 前馈 + PID 反馈转向控制框图

(4) AP 模拟仿真结果分析

基于建立的 AP 仿真实验，进行 PanoSim 与 Matlab/Simulink 的联合仿真，实验结果表明该自动泊车系统可以准确地识别出合适的停车位，并可规划出合适的泊车路径，控制车辆精确地沿着泊车路径无碰撞地进入停车位。实验车辆的泊车全过程如图 8-47 所示。

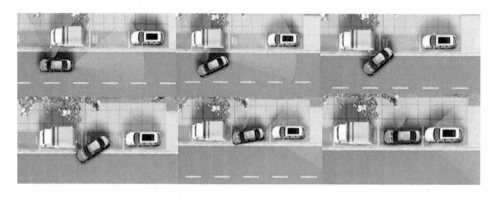

图 8-47　实验车辆的泊车全过程

根据得到的自动泊车仿真实验数据进行后处理，得到的实验车辆质心的泊车路径曲线和横向速度曲线如图 8-48 所示。

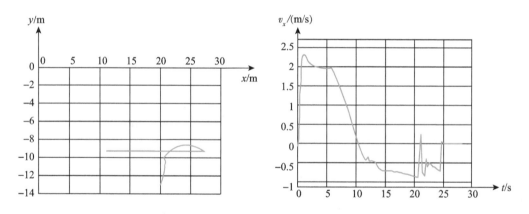

图 8-48　实验车辆质心的泊车路径曲线和横向速度曲线

第9章 汽车智能驾驶仿真系统（PanoSim）介绍

9.1 PanoSim 系统简介

PanoSim 是一款集高精度车辆动力学模型、汽车行驶环境模型、车载环境传感模型与交通模型等于一体，与 Matlab／Simulink 无缝链接并支持离线与实时仿真功能的汽车智能驾驶一体化模拟仿真平台，旨在为汽车电控与智能化技术以及产品的研发提供高效和高精度的测试与验证。

PanoSim 提供了一个包含多种模型和工具的集成仿真平台，通过高逼真虚拟场景和较为精确的模型来减少虚拟仿真和真实世界之间的差距。PanoSim 的主要功能包括：

1）高逼真虚拟 3D 环境。

2）较为精确的传感器模型。

3）高精度车辆动力学模型。

4）较为丰富的交通模型。

5）开放的控制系统搭建环境。

PanoSim 提供了一套用于车辆技术开发的仿真模型和虚拟实验环境，用于支持智能驾驶和高级驾驶辅助系统（ADAS）技术的开发、测试和验证。PanoSim 模型包括车辆动力学、交通、道路以及摄像头和雷达等环境传感器等，如图 9-1 所示。

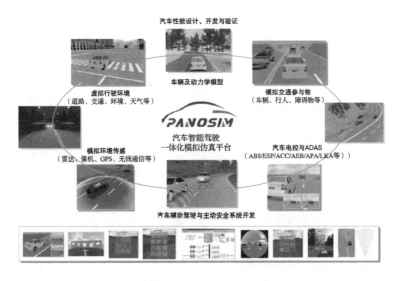

图 9-1 PanoSim 系统介绍

（1）实验主界面 （EXPanel）

数据管理中枢，用于创建和定义实验，支持包括选择并设置实验场景，选择并设置实验车辆，设置实验条件和工况，包括道路、交通模型和天气，设置驾驶与仿真参数，自动产生 Matlab／Simulink 模型，并进行仿真验证等功能。

（2）场景编辑器 （WorldBuilder）

用于创建或编辑仿真实验所需三维数字虚拟场景和环境，包括道路和道路网络结构、高精地图数据导入、道路路面和车道信息、地形、周边建筑和交通设施等。

（3）传感器编辑器 （SensorBuilder）

用于安装、设置和预览各类车载传感器及其仿真效果，包括车载雷达、像机、车联网无线通信、定位、理想真值传感等。以像机为例，支持对车载像机（例如单孔像机、鱼眼像机、双目像机等）建模，并根据像机安装位置、姿态，以及像机自身的物理特性（例如焦距、视场角、横纵像素数等）模拟像机拍摄和图像质量等。

（4）车辆编辑器 （VehicleBuilder）

用于创建或编辑仿真实验所用车辆及动力学模型，包括车辆外形、高精度非线性复杂动力学模型参数、高效简单车模型参数、电动汽车模型参数、轮胎动力学模型、传动系统和空气动力学模型等，并兼容包括 CarSim® 等在内的其他商业模型，置信度可对标国际主流商业软件。

（5）数据后处理/绘图/动画工具 （PlotBuilder \ MovieBuilder）

实验数据后处理和图表分析工具，支持对仿真实验数据进行动画的回放、抓图与录像等，能够将实验各个信道数据进行组合生成图表，便于数据分析和后处理。

9.2 仿真功能介绍

9.2.1 功能操作

PanoSim 仿真实验由场景构建、传感器系统建模、添加控制系统、运行实验四个部分组成，如图 9－2 所示。

（1）场景构建

场景是智能驾驶仿真测试系统中的重要环节之一，测试场景的多样性、覆盖性、典型性等都会影响测试结果的准确性，从而影响智能驾驶的安全

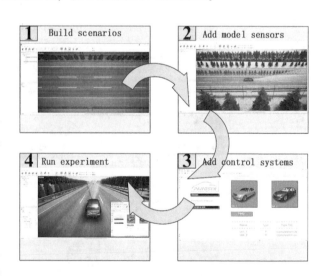

图 9－2 PanoSim 仿真实验

与质量。PanoSim 可提供一种逼真度很高的虚拟场景。PanoSim 提供了一套场景编辑工具，从简单道路的编辑到复杂场景的重现。这些工具在启动时就会被配置完成。

(2) 传感器系统建模

PanoSim 提供多种传感器模型，例如像机、激光雷达、V2X 等。在理想化的模型基础上可通过一些数据处理算法对信号进行处理，模拟生成干扰后的信号。传感器模型对外释放的信号灵活、可变，可配置定制化的传感器模型。

(3) 添加控制系统

PanoSim 中车辆动力学和传感器采用模块化设计，可以提供车辆动力学接口和传感器模型接口，进行控制系统的编辑。广义的智能驾驶控制系统比较广泛，控制系统包括传感器融合算法、图像处理算法、规划决策和控制执行算法等。

(4) 运行实验

实验运行之前，系统会自动生成 Simulink 文件，并与 Matlab/Simulink 相关联。在 Simulink 环境中运行实验，同时观察结果，并对结果进行后处理。

9.2.2 实验主界面

双击桌面上的 PanoSim GUI 图标![icon]，启动 PanoSim。PanoSim 启动时会显示实验主界面，其功能分区如图 9-3 所示。

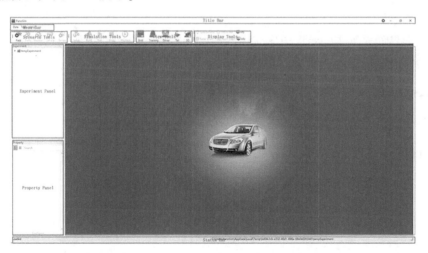

图 9-3 PanoSim 实验主界面功能分区

(1) 菜单栏

菜单栏提供各种数据和工具操作，选项如下所示：

1）Data：加载实验、保存实验、实验另存为、加载场景、保存场景、场景另存为、删除实验、关闭实验。

2）Tools：实验所需编辑工具、绘图编辑器、车辆编辑器、数据管理器、视频编辑器。

3）Help：帮助文档链接，包含注册产品和"关于"对话框。

(2) 工具栏

PanoSim 工具栏如图 9-4 所示，提供编辑实验场景和实验对象工具、编译和运行实验工具、对象视角切换工具、数据展示工具等。

1）Scenario Tools：加载实验场地道路、编辑交通环境、编辑实验天气、添加测试车辆，为测试车辆添加传感器。

2）Simulation Tools：实验仿真设置、编译、运行、停止和回放。

3）View Tools：视角切换工具、鸟瞰视角、轨迹视角、驾驶员视角、跟踪视角、3D 视角。

4）Display Tools：展示车速、雷达范围、FPS 等实验数据。

图 9-4　工具栏

(3) 3D 编辑窗口

3D 编辑窗口是创建、修改和删除场景中元素的主要界面，可用于对象的可视化展示。

(4) 实验元素界面

实验元素界面提供实验元素树形结构，包括试验场地组成元素的树形结构、测试车辆组成元素的树形结构等。

(5) 属性界面

属性界面提供当前对象属性编辑和修改操作，可用于编辑当前对象属性。

(6) 状态栏

显示信息，包括关键的提示反馈信息、错误消息和运行信息等。

9.3　PanoSim-XIL 介绍

并行工程是对产品及其相关过程（包括制造过程和测试过程）进行并行、集成化处理的系统方法和综合技术。它要求产品开发人员从设计开始就考虑产品寿命周期的全过程，不仅要考虑产品的各项性能，例如质量、成本和用户要求，还应考虑与产品有关的各工艺过程的质量及服务的质量。它通过提高设计质量来缩短设计周期，通过优化生产过程来提高生产效率，通过降低产品整个寿命周期的消耗，例如产品生产过程中原材料消耗、工时消耗等，以降低生产成本。

基于 V 模式的汽车技术开发流程是典型的并行工程，V 模式开发的左半边是自顶向下开发设计的过程，包括系统的概念设计、系统需求定义和设计、子系统的需求和设计以及零部件的需求定义和设计等；V 模式开发的右半边是自底向上的测试验证过程，XIL（X In the Loop，X 在环）是自底向上验证的主要手段，主要包括模型在环、软件在环、硬件在环、车辆在环以及驾驶员在环等。汽车 V 模式开发流程如图 9-5 所示。

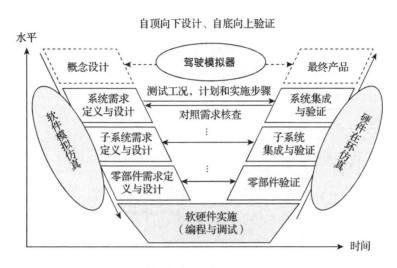

图 9-5 汽车 V 模式开发流程

9.3.1 功能介绍

随着汽车研发过程的复杂性以及研究方法的多样性的增加，仿真模型的建立、集成与验证的复杂性也日渐提高。XIL 旨在针对日益复杂的整车系统，集合了驾驶员和环境的模型及实物，是一种新型的整车开发和验证平台。该平台由基于模型的研究开发方法（Model Based Development，简称 MBD）进一步发展而来。XIL 中的 X 指代测试单元（Unit Under Test，简称 UUT），可指代模型（Model In the Loop，简称 MIL）、软件（Software In the Loop，简称 SIL）、硬件（Hardware In the Loop，简称 HIL）、整车（Vehicle In the Loop，简称 VIL）、驾驶员（Driver In the Loop，简称 DIL），并可延伸至子系统和部件等。

9.3.2 组成与构建

智能驾驶 XIL 实验台是典型的基于模型开发而设计的，主要包括场景工作站、实时仿真机、驾驶模拟器、实时处理器、实时控制器等，系统软件主要包括智能驾驶场景仿真软件、实时仿真机管理软件以及其他的自动驾驶计算平台等。在智能驾驶 XIL 中通常使用的三种通信方式包括以太网通信、CAN 通信以及视频传输，智能驾驶系统中通过不同硬件的组合可形成 MIL、SIL、HIL 和 DIL 等。典型的智能驾驶 XIL 平台组成如图 9-6 所示。

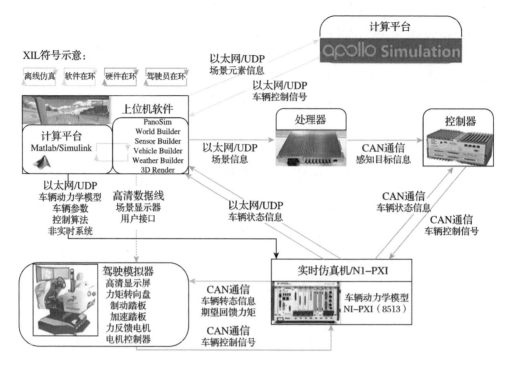

图 9-6　智能驾驶 XIL 平台组成

(1) 场景工作站

汽车智能化技术研发与测试面临着行驶环境复杂且不可预测、难以复制、试验安全无法保障、试验周期与成本控制压力大等诸多困难与挑战。基于模拟仿真技术的数字化与虚拟化研发手段已经成为当今世界汽车智能化技术与产品研发的主流趋势。

场景工作站是在高性能计算机上部署 PanoSim - RT 软件，PanoSim - RT 是一款集高精度车辆动力学模型、汽车行驶环境模型、车载环境传感模型与交通模型等于一体、与 Matlab / Simulink 无缝链接并支持离线与实时仿真功能的汽车智能驾驶一体化模拟仿真平台，旨在为汽车电控与智能化技术与产品的研发提供高效和高精度的测试与验证。场景工作站通过 PanoSim - RT 生成高逼真虚拟场景，减少虚拟仿真和真实世界之间的差距。

(2) 实时仿真机

实时仿真机是指具备物理时钟的嵌入式设备，在 XIL 平台中实时仿真机是模型计算的具体承担者，其主要功能为：

1）进行实时仿真模型的实时计算。

2）与人机交互系统进行通信，接受驾驶员的输入，并将计算结果反馈给驾驶员。

3）与外接扩展系统进行通信，接受控制器的输入，并反馈给控制器车辆信息。

实时仿真机中通常运行车辆动力学模型，该平台具备不同的板卡用于通信，在智能驾驶 XIL 平台中要求具备可以进行 CAN 通信和以太网通信的板卡，用于接收驾驶员控制信号并反馈车辆运动和状态信号。

(3) 实时处理器

实时处理器作为汽车的"大脑"，是新型汽车电子电气架构的核心，也是新型智能汽车电子产业竞争的主战场，是智能驾驶技术发展产生诸多颠覆性变革的前沿产品。多种传感器在智能驾驶汽车上的使用是目前智能驾驶汽车发展的趋势，但随之而来的是大量传感数据的处理，在 L1 和 L2 级时，通过雷达和摄像头数据融合，在车辆识别和目标探测方面可以更好地提高性能，高级别的智能驾驶系统需要冗余更多传感器的同时也带来了更多需要处理的原始传感数据，可以预见传感数据量会有爆炸式的增长，但由于智能驾驶系统对于传感数据处理的实时性要求，导致智能驾驶实时处理器需要一个强大的芯片处理海量数据。实时处理器的接入将成为测试感知算法能否应用到智能驾驶汽车上最有力的测试，这也是目前芯片行业的主要竞争点。

(4) 实时控制器

实时控制器是指从实时处理器获取感知的目标数据后，对车辆进行控制的嵌入式设备，通常可作为 ECU 的早期替代品。实时控制器的目标是将感知的目标信息转化为车辆的预期控制信息，在传统的汽车动力学控制领域应用较多。

智能驾驶 XIL 平台提供了控制器在环仿真的功能，相关用户在涉及控制器开发的过程中，可以使用实时控制器进行控制原型设计，也可以在完成算法后搭建对应的 HIL 系统用于对控制器进行测试。

(5) 驾驶模拟器

驾驶模拟器是一种驾驶训练的教学设备。它利用虚拟现实仿真技术营造一个虚拟的驾驶训练环境，人们通过模拟器的操作部件与虚拟的环境进行交互，从而进行驾驶训练。汽车驾驶模拟器几乎完全"克隆"真实行车环境。驾驶模拟器在智能驾驶领域应用众多，主要用于有关人 - 汽车系统的研究、开发，特别是用于使用 IT 设备和 ITS 时的人 - 汽车系统的研究、开发，根据用途也可用于危险状况和交通堵塞等特殊环境状况下的试验等；同时也用于有关汽车运动的研究、开发，既用于汽车操作稳定性、安全性和可靠性等相关汽车运动的研究、开发，也用于特殊环境状况下的试验等。

(6) 其他车辆仿真平台

当将其他车辆计算平台接入场景仿真软件时，就形成了软件在环仿真，阿波罗（APOLLO）和 PanoSim 的桥接是典型的软件在环仿真。阿波罗是百度公司发布的智能驾驶计算软件平台，是一套完整的软硬件和服务系统，包括车辆平台、硬件平台、软件平台和云端数据服务四部分。阿波罗平台开放环境感知、路径规划、车辆控制和车载操作系统等功能的代码或能力，并且提供完整的开发测试工具，以降低无人车的研发门槛。

9.3.3　智能驾驶 XIL 平台操作指南

智能驾驶 XIL 平台通过实时仿真机（NI – PXI）系统结合 Windows 搭建运行环境，精简驾驶座舱并提供真实的转向盘、加速踏板和制动踏板，可模拟简单的交通车实时显示车辆仪表变化（虚拟仪表板）。PanoSim – RT 版模拟器中自带 PanoSim 应用软件，能够提供逼真的道路，如图 9 – 7 所示。

图 9 – 7　智能驾驶 XIL 试验台

交通仿真场景和精确的驾驶操作传感器输出，通过总线接入的方式模拟各种车辆输入和输出，实时仿真器通常采用 NI – PXI 并配备处理器板 PXIe – 8880 和 PXI – 8513CAN 接口。其中 PXIe8880 是用于 PXI Express 系统的 Intel Xeon 八核嵌入式控制器，适用于密集型 RF、模块化仪器和数据采集。PXIe8880 包含两个 10/100/1000 基本版 TX（千兆）以太网端口、2 个 USB 3.0 端口、4 个 USB 2.0 端口，以及集成硬盘驱动器和其他外设 I/O。PXI – 8513CAN 接口模块是一款软件可选的容错控制器局域网（CAN）接口，用于结合 NIXNET 驱动开发应用程序。NIXNET 软件可选的 CAN 接口提供了最高的 CAN 开发灵活性，其板载收发器适用于高速/灵活速率、低速/容错单线 CAN 以及任何外部收发器。

智能驾驶 XIL 平台的软件环境为 PanoSim – RT，Matlab 版本为 R2016a，实时仿真机的系统编辑软件为 LabVIEW – 2017，所采用的实验管理软件为 Veristand – 2017，编译器为 Visual Studio 2008，同时需要安装补丁包 VS 2008 SP1。

(1) 配置仿真平台

首次配置 PanoSim 实时仿真环境对应的仿真平台和仿真实验文件，配置文件保存在文件夹中。选中 Matlab R2016a 版本，选择实验模式为 RT 模式，仿真平台根据实际仿真平台确定，本次实验选中 NI，配置界面如图9 – 8所示。

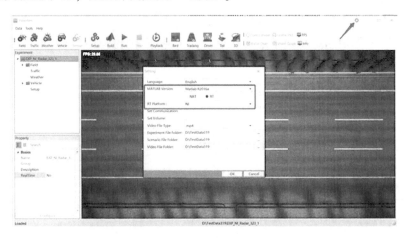

图9 – 8　计算平台配置界面

（2）新建或加载 RT 实验

实验环境配置完成后，可以选择新建实验或加载已有实验，如图 9 - 9 所示。

图 9 - 9　打开实验界面

（3）生成 Simulink 模型

实验配置完成后，单击"Bulid"按钮启动 Matlab，生成对应的 Simulink 模型，如图 9 - 10所示。

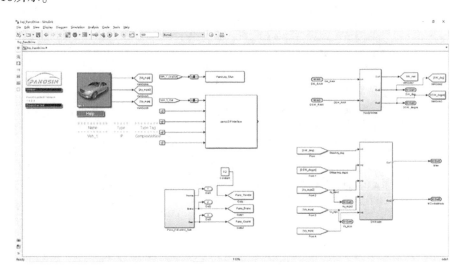

图 9 - 10　生成 Simulink 模型界面

牛成后，用户可以添加控制模型或驾驶员模型用来控制车辆，将 Simulink 模型编译生成目标程序，如图 9 - 11 所示，只有生成目标程序才会运行到 RT 实时机中，编辑方式为：单击图中的标记按钮，或者按下组合键"Ctrl + B"。注意：实验编译生成目标程序后，需要将生成的 Simulink MDL 文件和 Matlab Command 窗口关闭。

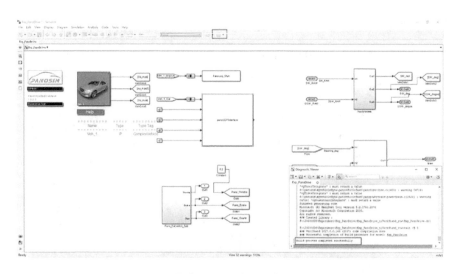

图 9-11　编译界面

(4) 运行或结束实验

以上实验配置完成后，单击"Run"按钮，运行实验，如图 9-12 所示，观察实验运行效果，单击"Stop"按钮，关闭实验。

图 9-12　运行实验界面

附录
PanoSim 操作指南

1. 安装指南

安装前应注意：

- 到 PanoSim 官方主页下载安装包。
- 如果有 PanoSim 旧版本，需要先卸载并清理注册表。
- PanoSim 4.0 版本，适用配置 Matlab 的版本为 2018a/2018b。

安装流程：

1）首先双击"setup. exe"进行安装，然后单击"Next"进行下一步操作，如附图 1 所示。

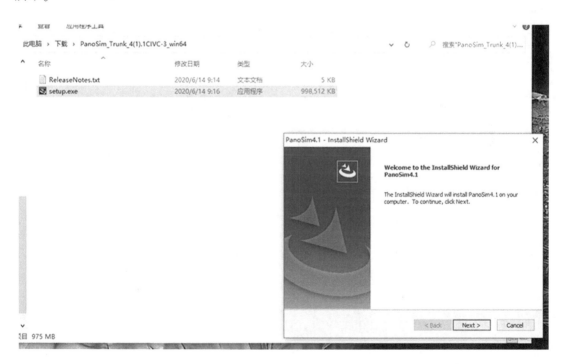

附图 1　步骤一

2）先填写"Company Name"信息，然后单击"Next"，如附图 2 所示。

3）先选择"Setup Type"中的"Complete"，然后单击"Next"，如附图 3 所示。

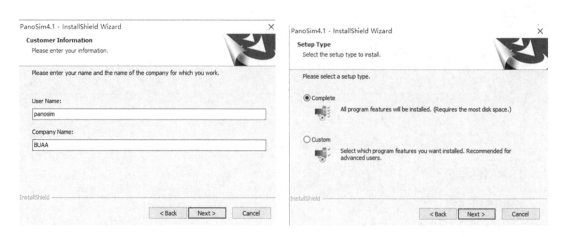

附图2　步骤二　　　　　　　　　　　附图3　步骤三

4）单击"Install"，如附图4所示。

5）先单击"修复"选项，然后单击"下一步"，最后单击"修复"，如附图5和附图6所示。

附图4　步骤四　　　　　　　　　　　附图5　步骤五

6）选择"License"激活，如附图7和附图8所示。

　　　　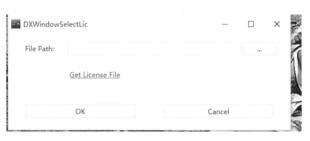

附图6　步骤六　　　　　　　　　　　附图7　步骤七

附图 8　步骤八

2. 使用指南

PanoSim 主要采用图形用户界面（Graphic User Interface，简称 GUI）操作来建立实验。在 GUI 中，可以将库组件拖放到"3D Window"中，以获得大概的实验布局，还可以在相应属性配置窗口或属性编辑器中设置目标详细信息。PanoSim 创建仿真实验主要有以下关键步骤（附图 9）：

1）创建实验：选择 TempExperiment 加载实验，创建或选择现有场景，配置天气和光照条件。

2）选择参与物：添加测试车和其他参与者，参与者预设运行轨迹，参与者安装配置传感器。

3）实验运行：编译实验自动生成 Simulink 模型，添加控制系统模型，开始/暂停/继续实验，结束实验。

通过运行 PanoSim 自带演示实例，快速了解 PanoSim 仿真过程。

步骤 1：双击桌面上的 PanoSimGUI 图标 启动 PanoSim GUI，进入实验主界面（附图 10）。

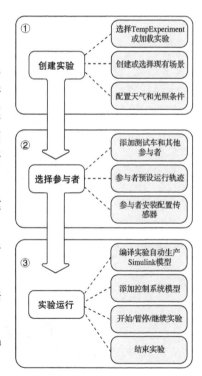

附图 9　PanoSim 操作流程图

本次演示选取 Exp_ AEB_ Demo 进行展示。Exp_ AEB_ Demo 工况介绍：选取场景中的直线道路，场景中有一辆主车和一辆目标车，主车安装有毫米波雷达，目标车位于主车前方，主车初始速度为 40km/h，检测到目标车后，主车开始减速直至停止状态，主车在 AEB 控制算法控制下进行紧急制动。

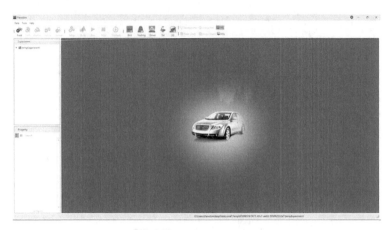

附图 10　实验主界面图

步骤 2：在菜单栏单击"Data"按钮，在下拉栏中，鼠标左键单击"Load Experiment"，鼠标左键双击载入 Exp_ AEB_ Demo 实验（附图 11）。

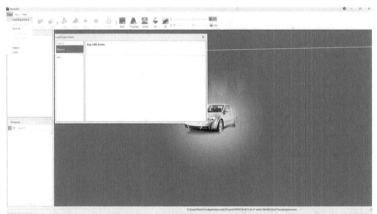

附图 11　载入实验界面图

中间区域是 AEB_ Demo 实验的 3D 场景（附图 12），为获得更好的用户体验，建议切换到"Veh_ 1"的"Tracking"视角。

附图 12　加载完成实验界面图

步骤3：单击"Build"按钮编译实验，自动生成 Simulink 文件，在 Simulink 文件中可以查看到"车辆模型""驾驶员模型""传感器模型""控制模型"等模块（附图13）。

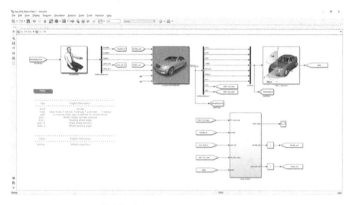

附图13　实验 Simulink 界面图

步骤4：运行实验（附图14），在顶部工具栏，鼠标左键单击"Run"按钮，运行实验，此时该按钮图标变为"Pause"图标。用户可以随时暂停实验。单击"Pause"，暂停实验，按钮图标变为"Continue"。单击"Continue"，实验继续运行，按钮图标又变为"Pause"。实验运行的过程中可以随时暂停和继续实验。

附图14　运行实验界面图

步骤5：实验完成之后，单击"Stop"按钮，停止实验（附图15）。

附图15　停止实验界面图

3. 实例操作

(1) 实践 1：基本实验

在 PanoSim 的 GUI 中建立实验，可将库组件拖放到"3D Window"中，以获得大概的实验布局。可以通过使用鼠标左键单击相应属性配置窗口或属性编辑器，来设置目标详细信息。

1）开始实验。双击桌面上的 PanoSim GUI 图标启动 PanoSim GUI。PanoSim 启动时的实验主界面如附图 16 所示。

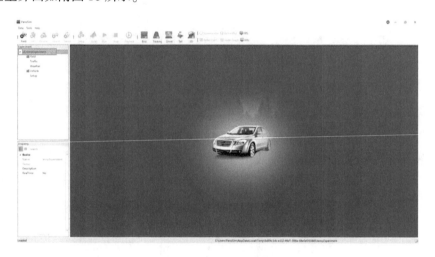

附图 16　实验主界面图

在进行实验之前，鼠标左键单击主界面右上角的设置"⚙"按钮，进行必要的系统配置（附图 17），配置系统语言、Matlab 版本、实时或非实时模式、视频输出格式和文件保存路径等信息。PanoSim 可提供一个默认临时实验用于操作体验，临时实验可以进行任意编辑，名称为 tempExperiment。

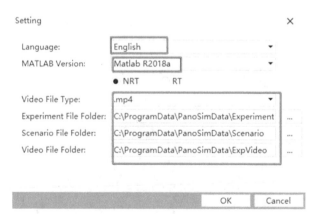

附图 17　实验设置界面图

2）选择场地。为更加快速地体验 PanoSim，在界面上方场景工具栏中单击"Filed"按钮（附图18），选择所需要的场地。默认选择直线道路 Highway，依次单击鼠标左键，单击选择的 Highway 场地后，双击鼠标左键，在3D 显示区域会出现一个逼真的高速公路（附图19）。

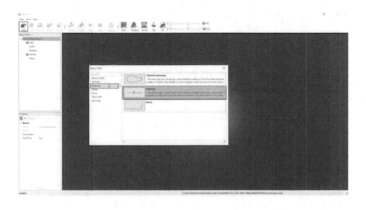

附图 18　实验场地选择界面图

附图 19　实验场地加载完成界面图

场地的天气设置，可以鼠标左键单击"Weather"按钮，设置天气的状态为"Sunny"，同时将时间"Time of Day"调整为 12 点，设置对话框和视觉效果如附图 20 和附图 21 所示。

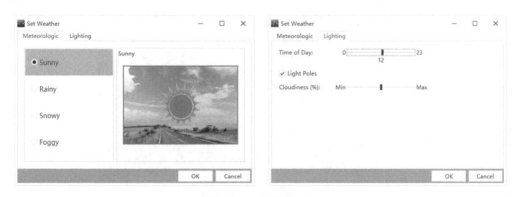

附图 20　天气调整界面图

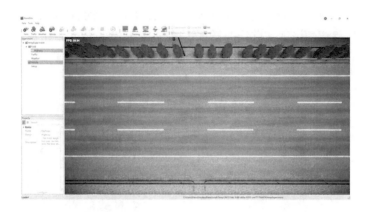

附图21　天气调整加载完成效果图

3）选择参与者。首先添加测试主车，在界面上方场景工具栏中单击"Vehicle"按钮，选择所需要的测试车辆，默认选择 Veh_1。依次顺序单击鼠标左键（附图22），选择 Veh_1，按住鼠标左键将其拖动到场地道路上，道路和车道具有编号属性（附图23）。此实验中，车辆 Veh_1 所在道路编号为 Road ID：gneE0，Lane ID gneE0_1，Station1250.00，Lateral Offset 0.00。此时，可以对车辆初始摆放位置的方向、位置和速度等参数进行调整。

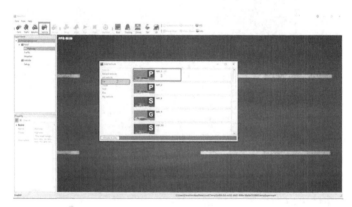

附图22　添加车辆界面图

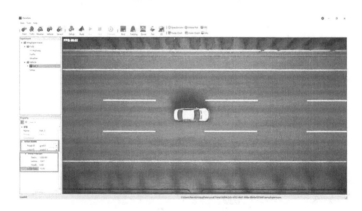

附图23　添加车辆界面效果图

　　然后添加其他参与车辆，在界面上方场景工具栏中单击"Vehicle"按钮，选择所需要的测试车辆，选择 Veh_2，同样的操作，按住鼠标左键将其拖动到场地道路上，道路和车道具有编号属性。同时，可对车辆初始摆放位置的方向、位置和速度等参数进行调整。实验中，车辆 Veh_2 所在道路编号为 Road ID：gneE0，Lane ID gneE0_1，Station1350.00，Lateral Offset 0.00，其他参数可采用默认设置，摆放位置场景图如附图 24 所示。

附图 24　添加目标车辆后场景图

　　4）预设轨迹。在 Experiment Panel 界面，鼠标左键单击选择所需要的测试车辆 Veh_1，接着鼠标左键单击选择"Driver"按钮，依次鼠标左键单击 Property Panel 界面中"Configure"按钮，会弹出车辆轨迹编辑界面（附图 25）。

附图 25　设置轨迹界面（一）

　　接着配置车辆轨迹（附图 26），鼠标左键依次单击"Lateral Control""Route""OnRoad"，按住鼠标左键拖动编辑界面，找到轨迹末端的绿色轨迹点，单击鼠标左键选中轨迹点，选中路线后轨迹点会由绿色变成红色。

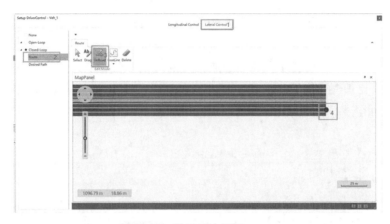

附图 26　设置轨迹界面（二）

Veh_2 轨迹设置的操作步骤与 Veh_1 相同，Veh_2 轨迹设置界面如附图 27 所示。

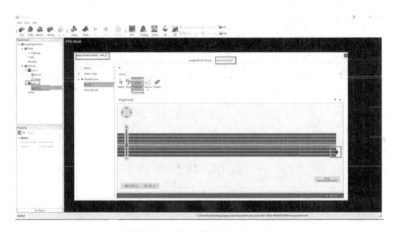

附图 27　设置轨迹界面（三）

5）添加传感器。接下来配置测试主车 Veh_1 传感器，单击鼠标左键选中车辆 Veh_1，鼠标左键单击"Sensor"按钮，鼠标左键单击"Radar"，为测试车辆添加雷达传感器，雷达传感器的属性参数采用默认设置（附图 28）。

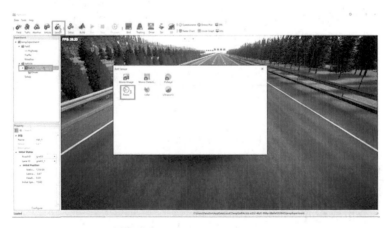

附图 28　配置传感器界面（一）

简便操作：选中 Veh_1，鼠标右键单击选中"Add Sensors"和"Radar"（附图 29）。

附图 29　配置传感器界面（二）

6）编译实验。实验运行之前，需要单击"Build"按钮（附图 30），系统会自动生成 Simulink 文件，并与 Matlab/Simulink 相关联。在 Simulink 环境中运行实验，在"3D Window"中观察结果。

附图 30　编译实验界面图

编译实验过程中，程序的调用需要等待几秒钟，时间长短取决于计算机配置。编译完成后，界面上会弹出 Matlab Command 窗口和 Simulink MDL 文件，可用于控制算法编辑操作，如附图 31 所示。例如在对应接口集成控制算法，或者观察车辆或传感器等输出的实验数据，可通过 Matlab 数据处理或者画图工具观察数据，也可以通过 PanoSim 自带数据后处理工具 PlotBuilder 进行数据后处理工作。

本实验中，可以鼠标左键单击 PanoSim 界面"Display Tools"工具中的数据展示小工具，观察车辆和传感器的实验数据信息。

附图 31　编译生成 Simulink 文件界面图

7）实验运行。在"Simulation Tools"工具栏（附图 32）上，鼠标左键选中 Veh_1，鼠标左键单击"Tracking"按钮，选中车辆"跟随"视角，鼠标左键单击"Run"按钮，运行实验。此时该按钮图标变为"Pause"图标，用户可以随时暂停实验。单击"Pause"，暂停实验，按钮图标变为"Continue"。单击"Continue"，实验继续运行，按钮图标又变为"Pause"。实验运行的过程中可以随时暂停和继续实验，如果要结束实验，鼠标左键单击"Stop"按钮，结束实验。

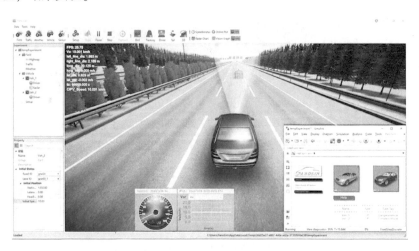

附图 32　实验运行界面图

8）保存实验。PanoSim 提供了 tempExperiment 模板为临时实验，如要保存所操作的实验，按照以下步骤操作：鼠标左键单击"Data"，鼠标左键单击"Save as"，在弹出的对话框中输入想要更改的实验名称，例如"MyExperiment"（附图 33）。

注意：请勿在实验名称或实验保存路径中使用非英文字符（例如中文、日文、韩文等）或空格字符。

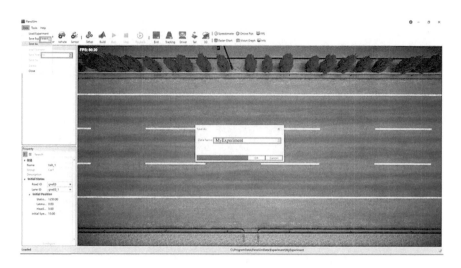

附图 33 保存实验界面图

(2) 实践 2：AEB 实验

1）创建实验。双击桌面上的 PanoSim GUI 图标 启动 PanoSim GUI。界面启动完成后，鼠标左键单击"Data"，鼠标左键单击"Save as"，在弹出的对话框中输入想要更改的实验名称，例如"My_ AEB_ Experiment"（附图 34）。

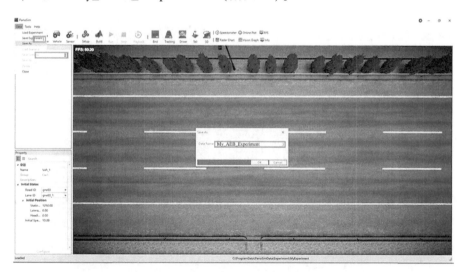

附图 34 创建新的实验界面图

2）选择场地。在界面上方场景工具栏中单击"Filed"按钮，选择直线道路 Highway（附图 35）。

接下来配置天气状态，鼠标左键单击"Weather"按钮，设置天气的状态为"Sunny"，同时将时间"Time of Day"调整为 12 点，设置对话框和视觉效果如附图 36 和附图 37 所示。

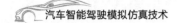

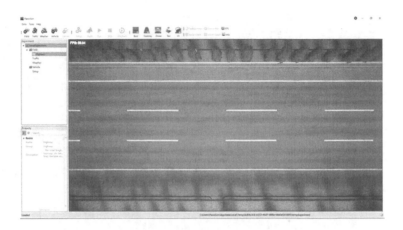

附图35　高速公路场景界面图

附图36　天气设置界面图

附图37　天气调整后效果图

3）选择参与者。首先，添加测试主车，在界面上方场景工具栏中单击"Vehicle"按钮，选择所需要的测试车辆，选择 Veh_1，按住鼠标左键将其拖动到场地道路上，道路和车道具有编号属性。此实验中，车辆 Veh_1 所在道路编号为 Road ID：gneE0，Lane ID gneE0_1，Station1250.00，Lateral Offset 0.00。

　　然后，添加其他参与车辆，在界面上方场景工具栏中单击"Vehicle"按钮，选择所需要的测试车辆，选择 Veh_2，按住鼠标左键将其拖动到场地道路上，道路和车道具有编号属性。车辆 Veh_2 所在道路编号为 Road ID：gneE0，Lane ID gneE0_1，Station1350.00，Lateral Offset 0.00，其他参数采用默认设置，摆放位置效果如附图 38 所示。

附图 38　实验车辆摆放位置效果图

　　4）预设轨迹。在 Experiment Panel 界面，鼠标左键单击选择所需要的测试车辆Veh_1，接着鼠标左键单击选择"Driver"按钮，鼠标左键依次单击 Property Panel 界面中"Configure"按钮，会弹出车辆轨迹编辑界面（附图 39）。

附图 39　设置轨迹界面（一）

　　配置车辆轨迹（附图 40），鼠标左键依次单击"Lateral Control""Route""OnRoad"，按住鼠标左键拖动编辑界面，找到轨迹末端的绿色轨迹点，鼠标左键单击选中轨迹点，选中路线后轨迹点会由绿色变成红色。

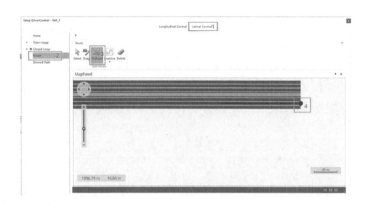

附图 40　设置轨迹界面（二）

Veh_2 轨迹设置的操作步骤与 Veh_1 相同，Veh_2 轨迹设置界面如附图 41 所示。

附图 41　设置轨迹界面（三）

5）添加传感器。为测试主车 Veh_1 配置传感器，鼠标左键单击选中车辆 Veh_1，鼠标右键单击选中"Add Sensors"，再单击"Radar"（附图 42）。毫米波雷达传感器的属性参数采用默认设置。

附图 42　配置毫米波雷达传感器界面

6）添加控制模型。单击"Build"按钮，系统会自动生成 Simulink 文件，之后在Exp_
AEB_ Demo 实验中控制模型复制至当前实验中，替换车辆模型的控制信号如附图43 所示。

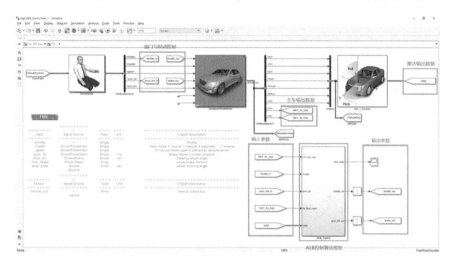

附图43 AEB 算法模型示意图

7）运行实验。鼠标左键单击选中 Veh_1，鼠标左键单击"Tracking"按钮，选中车辆
"跟随"视角，鼠标左键单击"Run"按钮，运行实验（附图44）。此时该按钮图标变为
"Pause"图标，可以随时暂停实验。单击"Pause"，暂停实验，按钮图标变为
"Continue"。单击"Continue"，实验继续运行，按钮图标又变为"Pause"。实验运行的过
程中可以随时暂停和继续实验，如果想要结束实验，鼠标左键单击"Stop"按钮，结束
实验。

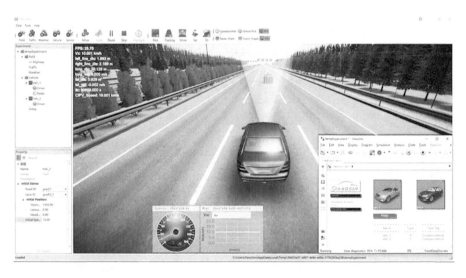

附图44 实验运行界面图

参考文献

[1] NIDHI K, SUSAN M P. Driving to safety [R/OL]. https://www. rand. org/pubs/research_reports/RR1478. html.

[2] DARRELL E. Waymo has now driven 10 billion autonomous miles in simulation [EB/OL]. https://techcrunch. com/2019/07/10/.

[3] BROWN D C. Decentering distortion of lenses [J]. Photogrammetric Engineering, 2018, 32 (3): 444 −462.

[4] 周万幸, 马林, 胡明春, 等. 雷达手册 [M]. 3 版. 北京: 电子工业出版社, 2010.

[5] 李雅欣. 激光雷达建模与基于激光雷达的汽车行驶环境危险评估方法研究 [D]. 长春: 吉林大学, 2018.

[6] 戴永江. 激光雷达技术 [M]. 北京: 电子工业出版社, 2010.

[7] 杨瑞科, 马春林, 韩香娥, 等. 激光在大气中传输衰减特性研究 [J]. 红外与激光工程, 2007, 36 (22): 415 −418.

[8] LIU Z Y, et al. Physical modeling method on ultrasonic sensors for virtual intelligent driving [C]//SAE Technical Paper. [S. l.]: SAE, 2016.

[9] 刘基余. GPS 卫星导航定位原理与方法 [M]. 北京: 科学出版社, 2003.

[10] OXTS. RT3000 v3-GNSS-aided inertial navigation system for automotive testing [EB/OL]. https://www. oxts. com/zh/products/rt3000.

[11] 高祥跃. 面向无人驾驶的定位系统建模与应用 [D]. 长春: 吉林大学, 2016.

[12] 刘日. 基于组合毫米波雷达的智能车环境感知方法 [D]. 烟台: 烟台大学, 2016.

[13] 朱冰, 朴奇, 赵健, 吴坚, 邓伟文. 基于路面识别的汽车纵向碰撞预警策略 [J]. 汽车工程, 2016, 38 (4): 446 −452.

[14] 孙浩, 邓伟文, 张素民, 吴梦勋. 考虑全局最优性的汽车微观动态轨迹规划 [J]. 吉林大学学报 (工学版), 2014, 44 (4): 918 −924.

[15] 赵健, 郭俐彤, 朱冰, 邓伟文, 任露泉. 基于底盘集成控制的轻型汽车防侧翻控制 [J]. 汽车工程, 2014, 36 (3): 334 −339, 367.

[16] 高强, 付超, 王健, 刘衍衍, 邓伟文. 车辆主动式交叉路口调度模型 [J]. 2013, 43 (6): 1638 −1643.